AKAL / A FONDO

Director de la colección
Pascual Serrano

Diseño interior y cubierta: RAG

© Anna Clua Infante y Dardo Gómez Ruiz-Díaz, 2024

© Ediciones Akal, S. A., 2024
Sector Foresta, 1
28760 Tres Cantos
Madrid - España
Tel.: 918 061 996
Fax: 918 044 028
www.akal.com

ISBN: 978-84-460-5527-3
Depósito legal: M-8219-2024

Impreso en España

ANNA CLUA INFANTE Y
DARDO GÓMEZ RUIZ-DÍAZ

DE LAS *FAKE NEWS* AL PODER

La ultraderecha que ya está aquí

ARGENTINA / ESPAÑA / MÉXICO

PRESENTACIÓN

Con frecuencia escuchamos comentarios, opiniones y análisis que nos advierten del avance de la ultraderecha en nuestro país, en Europa, en el mundo... También con frecuencia aparecen quienes señalan una llegada inminente del fascismo.

Otros insisten en que ese alarmismo no está fundamentado, que nuestro sistema político democrático, nuestras instituciones, son suficientemente sólidos como para soportar el avance e incluso la llegada al gobierno de esa ultraderecha. Tampoco faltan quienes señalan que ese discurso exaltado de la extrema derecha se calma y se tranquiliza cuando esta llega al poder y comprueba por sí misma que no puede aplicar sus fanatismos.

En este nuevo libro de la colección A Fondo, los autores diseccionan cómo es esa ultraderecha, en qué se parece o se diferencia de las ultraderechas y fascismos del siglo pasado, con qué discurso está avanzando, con qué técnicas y de qué se está aprovechando. Nuestros dos autores conocen bien de lo que escriben. Anna Clua, además de dirigir el grupo de investigación Transformación Social y Comunicación, trabaja en el análisis de los discursos de odio y el papel de los medios de comunicación. Y el veterano periodista Dardo Gómez, además de su experiencia al frente de la Federación de Sindicatos de Periodistas, es experto en derechos humanos, y en especial del derecho de información. Nacido en Argentina, vivió de primera mano estar bajo el yugo del fascismo en su país.

En esta obra se repasan los elementos que la ultraderecha explota en su discurso actual. Alguno lo conocemos bien, como el caso de la libertad. Una libertad que, para esta ultraderecha, se ve amenazada cuando un Estado propone justicia social o derechos, cuando en una pandemia se decreta el control de movimientos para que no se extienda el virus o, según José María Aznar, hasta cuando el Estado te impide conducir borracho.

Anna Clua y Dardo Gómez advierten que los representantes de la extrema derecha están en nuestros parlamentos nacionales, europeo y autonómicos como si fueran una opción política más, pero no lo son. Según nuestros autores, son un «fraude de ley» porque su objetivo, precisamente, es que no haya otros partidos en esos parlamentos: «la extrema derecha no se organiza en partidos democráticos, sino en escuadras que aspiran, por definición, a terminar con quienes los admiten entre ellos». Como en el poema de Niemöller, cada uno de nosotros cree que sus ataques van dirigidos a un colectivo social diferente del nuestro, no reaccionamos y al final será demasiado tarde.

El proceso de avance de la ultraderecha, según nuestros autores, tiene elementos muy definidos: el disidente deja de ser un semejante para convertirse en un elemento a expulsar o aniquilar; se le deshumaniza con mentiras para que deje de ser uno de tus iguales, por tanto, sin tus mismos derechos; después llegará la exigencia de fidelidad al líder y el repudio a los enemigos de la patria o de la causa. Es lo que sucedió el siglo pasado en Alemania e Italia.

La ultraderecha, en algún momento, recurrirá a justificar la violencia con el pretexto de defender la propiedad de territorios, la supervivencia, la amenaza del hambre, cualquier miedo o la simple invocación de la patria o de Dios. Por eso su enemigo será el emigrante, el pobre, el diferente. Es importante la explotación que hacen de la aporofobia. Logran convencer de que el pobre es responsable de su pobreza, por vago, por inútil, por inadaptado, por inferior... Con ello acaban con cualquier conato de vocación por la justicia social o la simple misericordia, que solo demostrará el carácter parásito del pobre. Una vez estigmatizado el indigente, lo siguiente es sembrar el miedo a que tú termines siendo pobre. Es entonces cuando te conviertes en un individuo anulado, sin crítica, sin lucha social, sin espíritu reivindicativo alguno, eres preso de tu terror a ser esa cosa tan repudiable que es el pobre.

Existe un elemento fundamental que nunca debemos perder y que es clave para hacer frente a la ultraderecha: los derechos humanos reconocidos internacionalmente. Es básico que no dejemos que bombardeen esa histórica declaración internacional aduciendo, como lo hacen, que atentan contra las libertades de los privilegiados. Por ello, los autores apelan a los organismos internacionales en materia de derechos humanos como actores que «pueden poner freno a la involución histórica que pretende la ultraderecha».

Los autores de *De las* fake news *al poder. La ultraderecha que ya está aquí* desmontan cada uno de los mantras con los que esos grupos nos machacan. Explican la necesidad que tienen los países ricos, incluso algunos en proceso de desarrollo, de recibir emigrantes para resolver su mercado de trabajo la normalización de los derechos LGTBIQ+ en nuestra sociedad, los valores del feminismo que han logrado sociedades más igualitarias y justas.

Esta derecha radical, dicen los autores, se caracteriza por «poner en escena de manera efectista cuestiones como la de identidad nacional, los roles de género, el papel de la familia y la seguridad ciudadana». Sin embargo, excluyen de su argumentario los temas económicos. Sus propuestas neoliberales, de reducción del Estado social, de privatizaciones, de permitir abusos laborales o atropellos de grandes empresas, en muchos casos emporios extranjeros, no son fácilmente defendibles y las callan. «Si la extrema derecha hablara solo de economía, no despertaría tantas pasiones como las que despierta hablando de la identidad nacional». Probablemente la única excepción está siendo Javier Milei en Argentina, quien no está teniendo pudor alguno en anunciar la desmantelación del Estado para dejar abandonados a los ciudadanos ante los intereses de la empresa privada.

Como expertos en comunicación que son Clua y Gómez, han dedicado especial atención a los medios de comunicación en relación con la ultraderecha. Denuncian cómo algunos adoptan la narrativa de la extrema derecha aparentando así pluralidad, convirtiéndose así en cómplices del engaño. En otras ocasiones, replican sus falsedades y mentiras bajo el pretexto de la libertad de expresión. Por último, también explican el uso y éxito que están teniendo su discurso y activismo en las redes sociales, caldo de cultivo ideal para las *fake news* y los bulos.

En conclusión, *De las* fake news *al poder. La ultraderecha que ya está aquí* es un libro de profilaxis, un análisis que se crea con el objetivo de prevenirnos ante un desastre posible: la llegada democrática al poder de quienes quieren acabar con la democracia. Sería terrible que, teniendo accesible la vacuna mediante una información verificada, una legislación internacional garante de los derechos humanos, una sociedad tolerante y un Estado con intereses sociales, terminemos no usando estas armas por falta de conciencia del peligro que nos acecha.

Pascual Serrano

En memoria de Juana María Ibarra Verdún,
militante de la vida en libertad.

CAPÍTULO I

LA DESHUMANIZACIÓN DE LAS PERSONAS

El creciente protagonismo poco explicado, pero totalmente explicable, de la extrema derecha en el panorama mediático y político occidental ha llevado a la ciudadanía democrática a intentar dar una respuesta defensiva, pero desde supuestos poco contextualizados o insuficientemente reflexionados, y sin elaborar argumentos en torno a una comprensión del fenómeno en toda su complejidad. No se trata del fascismo ni del nacionalsocialismo del manual de Historia. En el actual escenario, etiquetar este fenómeno con denominadores comunes de tipo genérico lleva a suponer que las respuestas a sus propuestas deben ser las que ya conocemos, y con ello nos estaremos equivocando: estaremos subestimando su capacidad de impacto en una sociedad democrática que seguimos dando por supuesta.

Tampoco se trata de un movimiento nostálgico, aunque entre sus militantes haya posiciones reivindicativas de los crímenes de lesa humanidad de regímenes que vulneraron de manera flagrante los derechos humanos.

A pesar de los esfuerzos de algunos Estados por hacer visibles los extremos de aquellas crueldades, muchas de las transiciones hacia la democracia no conllevaron una reparación efectiva de los daños que causaron sino una normalización sistemática de la desmemoria. Sistemática, por su perseverancia tanto en la historia oficial como en las historias de los pueblos, de las vecindades, de las familias o incluso personales.

No son nazis ni fascistas sino fieles del anarcoliberalismo

Lo cierto es que partidos e ideas de la derecha radical han conseguido abrirse camino y que, aunque con matices en sus formas, han llegado al poder en Estados Unidos con Donald Trump, en Hungría con el partido Fidesz de Víktor Orbán o en Polonia con el PiS. También en la India de Narendra Modi, en Brasil con Jair Bolsonaro, en Argentina con Javier Milei o en Israel con Benjamin Netanyahu. Asimismo, alcanza cuotas electorales nada despreciables con partidos como Vox en España, Alternativa para Alemania o la amenazante Agrupación Nacional en Francia.

La irrupción de la extrema derecha en este contexto ha abierto las puertas a un discurso que no habla de la reaparición de los viejos fantasmas, sino de la llegada de nuevos héroes cargados de fuerza y de razón. La penetración de estas ideas responde en gran parte a la estrategia de personificar en la figura de un líder carismático la autoridad de señalar a los «culpables» de todas las carencias y frustraciones de nuestra sociedad. Ante la ausencia de respuestas a necesidades acuciantes, resucitan consignas viejísimas y otras faltas de sustento aparecen como una suerte de innovación política con tintes de provocación rebelde que la hacen atractiva ante quienes no hayan hecho un ejercicio previo de memoria.

Esto se hacía evidente, por ejemplo, en las elecciones Primarias, Abiertas, Simultáneas y Obligatorias (PASO) de Argentina en 2023, donde los votantes jóvenes de ambos extremos socioeconómicos defendían su voto a Javier Milei con los argumentos del hartazgo frente a los políticos y partidos tradicionales y, sobre todo, de la supuesta novedad de las propuestas ultraliberales del candidato. Propuestas que nada tienen de novedoso, ya que, si se analizan el contenido y las formas (o puesta en escena circense), podemos identificar claros trazos de teorías como las de Milton Friedman, con las que el dictador Augusto Pinochet ya alimentaba el discurso sobre el genocidio de los chilenos disidentes en los años setenta del siglo XX[1]. Friedman, del cual volveremos a hablar, es el economista de cabecera del nuevo presidente argentino.

NECESIDAD DE LA CRUELDAD PARA IMPONERSE

Todo esto, por decirlo de forma simple, lleva al ejercicio oficial de la crueldad por una parte minoritaria de la sociedad, que acepta la injusticia como condición ciudadana. No por casualidad, uno de los lemas del argentino Milei, quizá siguiendo las consignas de esta derecha sin prejuicios –que desde hace años promueve el expresidente español José María Aznar–, es que la justicia social es una perversión social que traiciona el derecho supremo a enriquecerse.

Ante tal panorama cabe preguntarse: ¿qué intereses subyacen al auge de los discursos de la extrema derecha a día de hoy? Esta es, de hecho, la cuestión que atraviesa las páginas de este libro y para la cual desgranaremos, capítulo a capítulo, algunas respuestas. Nuestro análisis partirá de un posicionamiento que huirá de lo académico en tanto que equidistante y desapasionado. Será una aportación desde el conocimiento que procura lo vivido, lo aprendido, lo militado y lo compartido. La de este libro tiene mucho de complicidad en las ideas, pero mucho más de debate entre generaciones, nacionalidades, géneros y enfoques profesionales. Vaya por delante, pues, nuestra defensa del lugar desde donde el conocimiento es construido, discutido y, por tanto, reflexivamente situado[2].

---

[1] Podemos remontarnos incluso al siglo XVII para encontrar referentes en las artes escénicas sobre cuáles son los vehículos más efectivos para ejercer el odio al otro. En la tragedia de *Otelo*, William Shakespeare expone cómo el ejercicio de la maldad pura y gratuita de Yago sólo necesita la mentira y la manipulación de los hechos.

[2] Partimos de la postura epistemològica crítica desarrollada por Donna Haraway en su texto *Ciencia, cyborgs y mujeres: la reinvención de la naturaleza* (1991), que defiende la idea de que ningún conocimiento está desvinculado de su contexto ni de la historia, posicionamiento y experiencia de quien lo emite.

La primera dificultad con la que nos encontramos es la de dar nombre al objeto de análisis que centrará nuestra atención. La palabra *fascismo* a secas se erige como concepto de conceptos, de inalterable significar genérico, a pesar de que historiadores especializados como Stanley George Payne hayan insistido en la necesidad de no poner a todos los fascismos dentro de un mismo saco[3]. Situar los conceptos en su contexto histórico puede ayudarnos a entender que no estamos hablando de un fenómeno genérico e inalterable. Durante la primera mitad del siglo XX, el auge del fascismo se cruzó con las narrativas de la derecha conservadora, así como con las de la derecha radical de la época. Cada uno de estos movimientos tuvo, sin embargo, sus peculiaridades en cuanto a orígenes, objetivos y estrategias. Si en aquel momento convulso estaba clara la distinción entre ideologías, resulta preocupante que en nuestra primera mitad de siglo XXI, en plena era de la información, las mezclemos alegremente siguiendo la tendencia para nada inocente de diluir los conceptos y hacerlos más navegables.

La comprensión del concepto de «ultraderecha» requiere de información contemporaneizada, pues su uso indiscriminado apela a esta tendencia tan de moda de que las ideas nos sitúen en polos opuestos del razonamiento. Y tenemos también que, por ser un neologismo (esta vez sí, *ad hoc*), la expresión «nueva ultraderecha» adquiere un aura que la hace candidata a situarse de forma destacada en tertulias *prime time*. Todo el mundo habla hoy de la nueva ultraderecha. Por ultra, por derecha y, sobre todo, por nueva. Su supuesto carácter novedoso impide concebirla desde su evolución histórica. Como si se borrara su procedencia. El caso es que no se la veta en los parlamentos por antidemocrática, que es lo único certificable y lo que a todas luces es una anomalía que acaba propagándose como una novedad.

Desde este libro vamos a proponer una lectura poco convencional acerca del interés por el poder que acompaña a la ideología de la acumulación por desposesión y la violencia hacia la

---

[3] S. G. Payne, *Fascism: Comparison and definition,* Madison, Wisc., University of Wisconsin Press, 1980.

otredad. Vamos a analizar qué tiene de nuevo la extrema derecha en su versión de la segunda década del siglo XXI, pero también vamos a seguir el rastro de todo lo que se nos cuenta.

LA PATRIA POR EL ESTADO Y LA SUPREMACÍA NACIONAL

El discurso de la extrema derecha, aunque con matices, se manifiesta en un discurso anti-Estado; sobre todo declama casi como un mantra que «el Estado nos roba» o que «el presidente nos miente» (un discurso dirigido a criticar tanto las cargas fiscales como los pactos de gobierno que dejan al margen al *lobby* empresarial), que es un mensaje que las clases medias consumen con facilidad. Aquí tampoco hay novedad, es el clásico discurso liberal de siempre que, como consecuencia, defiende la privatización de todos los servicios esenciales (como la sanidad, la educación, la vivienda o las pensiones) y acusa a los funcionarios públicos de ser ineficientes, caros y/o corruptos. Un ejemplo de manifestación reciente de esta máxima clásica del fascismo lo encontramos en los eslóganes de campaña electoral de Milei en Argentina. El discurso anti-Estado no sólo coincide con el que Pinochet difundiera hace tiempo en Chile, sino que no está lejano de lo que sostienen hoy día las tesis neoliberales en todas partes del mundo global. El ultraderechista argentino formula que, entre la mafia y el Estado, prefiere la primera porque sabe competir.

El tema es cómo se gobierna un pueblo sin Estado. Muy sencillo: trayendo del imaginario infantil el intangible de *la Patria* y sus tradiciones, más la recuperación de las figuras heroicas y sus supuestas gestas, que, en mucho casos, han sido simples genocidios contra pueblos más débiles. La patria y la recuperación de los héroes, esos hechos borrosos en las mentes de todos, son un falso valor común: nuestra pertenencia a una tradición nacional hace que los desastres históricos siempre sean por causa de la supuesta traición de otros países.

De aquí a incubar y agitar el disparate de la supremacía nacional –somos los mejores– hay apenas un paso estrecho, y a partir de allí se comienzan a identificar quiénes son los enemigos de nuestra patria, que siempre están fuera de nuestras fronteras. A la exaltación de los símbolos nacionales se suma la admiración hacia las fuerzas armadas y las de seguridad en general, que son quienes, presuntamente, garantizan nuestra seguridad frente a todos los enemigos externos. Aunque en muchas partes del planeta, incluida España, fueron garantes de los bienes de los enemigos internos del pueblo y de los represores de quienes se manifestaron o rebelaron por la justicia social.

En esta línea del nacionalismo étnico se sitúa el partido español Vox, defensor de la fantasía mítica del «hispanismo étnico» basada en una concepción antojadiza de la existencia de una «etnia cultural» –nunca demostrada y afín al fascismo y al nacionalsocialismo– y en características tan peregrinas como la lengua común, la religión, un pasado histórico plagado de anécdotas cuasi míticas, las tradiciones lúdicas y una multitud de características culturales accesorias que son comunes a todos los seres humanos.

La realidad es que la derecha extrema maquillada de nueva está situada en el cruce del capitalismo salvaje, que pone como paradigma del desarrollo la acumulación de bienes en manos de los poderosos de siempre por el método de desposeer de ellos a quienes los producen. Más adelante veremos más de cómo en este proceso se hacen necesarias la deshumanización de las relaciones entre las personas y el recorte de las libertades para permitir la expansión sin cortapisas de sus teorías.

Otro punto de encuentro con los fascismos o con el nacionalsocialismo está en su intención de cosificar o animalizar a los distintos (los «otros») y hacerlos culpables de los estragos del sistema, al tiempo que pondera las tradiciones conservadoras, que serían el sustento de una patria «inmutable». En su simplificación de los problemas, si no hay trabajo es culpa de los migrantes; si crece la pobreza es culpa de los jóvenes nacionales que no quieren trabajar; si se sigue asesinando mujeres es culpa de las feministas, que han elevado a problema social algunas circunstancias contextuales y que, según ellos, no tienen nada que ver con el modelo social patriarcal en que nos han criado.

Una característica del discurso de la extrema derecha es, precisamente, la negación de todos los fenómenos o conflictos sociales que son responsabilidad del sistema. Según este posicionamiento, no hay sociedades machistas más que en las culturas de alguna fe religiosa diferente a la nuestra; no hay crisis climática sino mentiras inventadas por las izquierdas para dañar la riqueza occidental, tal como señalara Donald Trump ante el informe elaborado por el Gobierno de Estados Unidos sobre el impacto del clima en la economía, la salud y el medio ambiente[4]. Con idéntico histrionismo, el entonces presidente de Estados Unidos negó el covid-19 y aconsejó a sus conciudadanos beberse unos sorbos de lejía para contrarrestar sus efectos. Alineándose con la escuadra de negacionistas europeos, que luego trataremos, comenzó a hablar del «virus chino».

La transversalidad del mensaje

En las próximas páginas trataremos de exponer cómo las personas pertenecientes a ciertos colectivos no son sólo expuestas públicamente por la derecha extrema como la causa de todos los males, sino que son, además, perseguidas como peligros sociales a erradicar. Nuestra intención es explicar, en algún caso, lo violento de esas posiciones y, en algún otro, el tremendo despropósito de negar valores sociales y derechos que hemos conquistado por la elevación ética de los seres humanos.

Al mismo tiempo, buscaremos exponer y defender la necesidad de que no dejemos de incorporar a nuestras vidas una militancia diaria y vigilante de la solidaridad y los cuidados, para que ese mensaje devastador no penetre con su infección de odio irracional en la cotidianidad de nuestras familias, vecindades o

---

[4] El Informe Especial sobre Ciencia Climática es elaborado por científicos de 13 agencias federales y forma parte de la Evaluación Nacional del Clima, que, por ley, el Gobierno estadounidense debe publicar cada cuatro años. Las conclusiones de este informe fueron negadas públicamente por Trump en 2018 con un despreciativo gesto y un «no me lo creo». Era un informe de 1656 páginas respaldado por 300 científicos expertos.

pueblos, ni mucho menos en el largo transitar de nuestra conciencia colectiva ante lo que entendemos como una sociedad justa y democrática.

Frente a esta defensa de la solidaridad entre los seres y entre los pueblos en pos de una justicia social, la ultraderecha levantará una falsa pancarta por la libertad individual que en realidad es la defensa de un individualismo insolidario, porque para ellos la justicia social es algo aberrante: «Es robarle a alguien para darle a otro, un trato desigual frente a la ley, que además tiene consecuencias sobre el deterioro de los valores morales, al punto tal que convierte a la sociedad en una sociedad de saqueadores»[5].

Son palabras del visionario Javier Milei, que promete a los argentinos un futuro venturoso a treinta y cinco años vista.

5 [https://www.ambito.com/politica/javier-milei-el-concepto-justicia-social-es-aberrante-es-robarle-alguien-darle-otro-n5803423].

CAPÍTULO II

LA RATA SILENTE, LA PESTE Y LAS BUENAS GENTES QUE VIENEN A SALVARNOS

Ha habido en el mundo tantas pestes como guerras y, sin embargo, pestes y guerras cogen a las gentes siempre desprevenidas.

Albert Camus, *La peste*

Así como la luz hace que existan los colores y la penumbra sólo es su ausencia, decía Platón que todas las mezquindades provienen de la ignorancia del disfrute de la ética. Esa ignorancia es la cómplice necesaria tanto de las pequeñas crueldades diarias que cometemos cuando algo nos amenaza, como de los tremendos crímenes de lesa humanidad. Se trata de una ignorancia profunda que es insensible al amor y la solidaridad, que es capaz de dudar de los derechos de los otros humanos; una crueldad que está oculta en todos y que nos hace incluso ignorar nuestra capacidad de impulsar, generar y hasta defender el daño gratuito a nuestros semejantes.

ALBERT CAMUS: UNA MIRADA AL INTERIOR DE CADA UNO

Albert Camus (1913-1960) recibió el Premio Nobel de literatura en 1957. Novelista, ensayista, dramaturgo, filósofo y periodista, recorrió con su obra todos los espacios y, aunque negaba la comprensión de lo divino, era un profundo creyente en la libertad humana, en la justicia social, en la paz y en la eliminación de la crueldad. Defensor de una vida digna, Camus veía en la amenaza a esos valores una ceguera de cotidianidad que no quiere atender a los riesgos que siempre se alzan contra la libertad individual. La libertad, según él, es tan dada por supuesta que se convierte en un valor menor hasta que se pierde. Una puesta en

19

escena de esa situación que nos infecta de mal y nos proyecta hacia la crueldad la encontramos en su novela *La peste* (1947), escrita tras conocer el espanto que llenó de seres humanos campos de concentración en la culta Europa, en un ejercicio supremo y absurdo de maldad.

«La mañana del 16 de abril, el doctor Bernard Rieux, al salir de su habitación, tropezó con una rata muerta en medio del rellano de la escalera...». Así, con apenas una rata, comienza la peste que arrasará a las gentes de la ciudad de Orán. Algunas de ellas niegan la existencia de las ratas en su proximidad, otras las consideran una anécdota o una excepción que no puede inquietar; sin embargo, las ratas –que no se creen una excepción sino unas elegidas– siguen apareciendo por todas partes hasta que la muerte que traen se apropia de la ciudad. El doctor Rieux, *alter ego* de Camus, razona:

> Cuando estalla una guerra, las gentes se dicen: «Esto no puede durar, es demasiado estúpido». Y sin duda una guerra es evidentemente demasiado estúpida, pero eso no impide que dure. La estupidez insiste siempre, uno se daría cuenta de ello si no pensara siempre en sí mismo.
>
> Nuestros conciudadanos, a este respecto, eran como todo el mundo: pensaban en ellos mismos; dicho de otro modo, eran humanidad: no creían en las plagas. La plaga no está hecha a la medida del hombre; por lo tanto, el hombre se dice que la plaga es irreal, un mal sueño que tiene que pasar. Pero no siempre pasa, y de mal sueño en mal sueño son los hombres los que pasan, y los humanistas en primer lugar, porque no han tomado precauciones.

Así la peste va creciendo y el doctor Rieux, que junto con otros se dedica a luchar contra ella y a salvar vidas, comprueba en el día a día cómo las buenas gentes «continuaban haciendo negocios, planeando viajes y teniendo opiniones». «¿Cómo hubieran podido pensar en la peste», continúa Rieux en su reflexión, «que suprime el porvenir, los desplazamientos y las discusiones? Se creían libres y nadie será libre mientras haya plagas.»

La rata está allí
y no debe despertar

En la cerrada ciudad de Orán, hombres buenos, médicos como Rieux y su compañero se empeñan en mitigar los padecimientos que conducen a la muerte, y combatir el absurdo mal que les arranca la dignidad. Ellos luchan sin bajar los brazos porque son personajes idealistas, de novela, que piensan que «en el hombre hay más cosas dignas de admiración que de desprecio» y rechazan la idea de que exista una sola cosa, fuere humana o divina, que sea capaz de producir sufrimiento intencionado a los seres humanos.

Una síntesis apretada pero real de la sociedad a la que aspira la extrema derecha ha sido publicada en agosto de 2023 por el general italiano Roberto Vannacci en su libro titulado *El mundo al revés*. El militar, exjefe de un cuerpo de elite de paracaidistas de Italia –que pasó gran parte de su carrera sobre el terreno, en Somalia, Ruanda, Afganistán y Libia–, se presenta como «un heredero de Julio César».

«Queridos homosexuales, no sois normales. ¡Superadlo! No sólo os lo demuestra la naturaleza, que permite reproducirse a todos los seres sanos normales, sino que también lo demuestra la sociedad: vosotros representáis una minoría muy pequeña del mundo», escribe en su libro, en el que denuncia «las reglas discutibles de inclusión y de tolerancia impuestas por las minorías»

La campeona italiana de vóleibol Paola Egonu fue la escogida por Vannacci para mostrar las ideas del nacionalrracismo: «No es plenamente italiana, es evidente que sus rasgos físicos no representan la italianidad». Negacionista como toca, niega el cambio climático y llama a las feministas «hechiceras modernas» por «oponerse a la figura femenina entendida como madre». Defiende que las mujeres deberían quedarse en casa y ocuparse de los hijos, y las critica por «promover instituciones como el divorcio o el aborto».

En Europa tanto como en América son muchos los representantes de la extrema derecha que ocupan escaños en los distintos parlamentos como si fueran una opción política más, y, como tales, comparten ese espacio político ciudadano que las democracias han generado para gestionar los destinos de los países. Todo el mundo sabe que se trata de una mistificación, de un «fraude de ley». Sabemos, o deberíamos saber, que la extrema derecha no se organiza en partidos democráticos sino en escuadras que aspiran, por definición, a terminar con quienes los admiten entre ellos.

Como en el Orán de *La peste,* las ratas apelan a la indiferencia o la comodidad de los habitantes que no quieren darse cuenta del peligro que representan o, alternativamente, están dispuestos a soportarlas suponiendo que van a poder utilizarlas o se van a aprovechar de ellas frente a sus adversarios políticos. Así, minimizamos la gravedad de las calumnias a otros políticos, las mentiras sobre los inmigrantes, la peligrosa profundidad del negacionismo, los ataques a la lucha sindical, el desprecio a las feministas o el desprestigio a las personas LGTBI+. Cada uno de nosotros quiere creer que los ataques van dirigidos a una parte del tejido social al cual no pertenecemos o con el cual no empatizamos. Por egoísmo u oportunidad queremos creer que la fiera es selectiva y sólo destruye a aquellos con los cuales no empatiza, pero no es así.

El pastor protestante alemán Friedrich Gustav Emil Martin Niemöller (1892-1984) se había acercado a las posturas nazis porque compartía con ellos cierto antisemitismo y despreciaba las reivindicaciones del movimiento obrero de su país. Cuando se dio cuenta de la magnitud de su error y lo expresó, fue a parar a los campos de concentración de Sachsenhausen y Dachau. Cuando fue liberado, al término de la guerra, se hizo pastor, y de sus homilías en contra del horror salió este poema ya legendario que se conoce como «Ahora vienen por mí», dirigido a los indiferentes que se creen a salvo de la maldad.

Cuando los nazis vinieron a llevarse a los comunistas,
guardé silencio,
porque yo no era comunista.
Cuando encarcelaron a los socialdemócratas,
guardé silencio,
porque yo no era socialdemócrata.
Cuando vinieron a buscar a los sindicalistas,
no protesté,
porque yo no era sindicalista.
Cuando vinieron a llevarse a los judíos,
no protesté,
porque yo no era judío.
Cuando vinieron a buscarme,
no había nadie más que pudiera protestar.

De este poema, que ya había sido versionado varias veces por su autor, el director alemán Bertolt Brecht (1938-1956), a quien erróneamente se le atribuye la autoría, también hizo varias versiones. La que durante largo tiempo fue considerada original fue difundida por la actriz argentina Cipe Lincovsky en su espectáculo *Cipe dice Brecht* (1988):

Primero se llevaron a los judíos,
pero, como yo no era judío, no me importó.
Después se llevaron a los comunistas,
pero, como yo no era comunista, tampoco me importó.
Luego se llevaron a los obreros,
pero, como yo no era obrero, tampoco me importó.
Más tarde se llevaron a los intelectuales,
pero, como yo no era intelectual, tampoco me importó.
Después siguieron con los curas,
pero, como yo no era cura, tampoco me importó.
Ahora vienen por mí, pero es demasiado tarde.

Este poema tiene, además de su crudeza, la virtud de que cualquiera de nosotros conoce a alguien a quien aplicarle esta forma asocial de pensar, pero sobre todo hace una perfecta descripción de la forma de actuar de la extrema derecha: tal como lo hicieron el fascismo en Italia o los nazis en Alemania.

LA DERECHA SE ORGANIZA PARA «SALVARNOS»

No se trata de asaltar todo el poder de una vez, sino de ir ocupando los espacios ciudadanos uno a uno, haciendo ver que no van a perseguir todas las libertades de la sociedad sino sólo una parte, aquella que pertenece a un colectivo, a una fe o a una ideología. Piensan o saben que, por negligencia, el resto no levantará la voz; porque también suponen, y seguramente aciertan, que muchos no tienen ninguna empatía por las personas de ese colectivo a atacar.

Lo primero es comenzar la campaña de desprestigio sobre el colectivo u organización elegidos. El método responde a un único y conocido sistema: la mentira. No suele tratarse de engaños demasiado elaborados, salvo si cuentan con la complicidad de algún medio afín a sus intenciones. En general, se trata de mentiras vulgares inventadas para explotar las fobias que gran parte de la población ya tiene incorporadas. En el caso de España, por ejemplo, tenemos las leyes más progresistas respecto a los colectivos LGTBIQ+, pero la crónica de sucesos o los comentarios en los bares nos están diciendo que estamos lejos del espíritu de ese marco normativo.

Un paso paralelo que es común a los nacionalismos radicales es ocupar los espacios ciudadanos e implantar un único mensaje en las organizaciones. De esta manera imponen la intolerancia a otras opiniones y obligan a las voces distintas a callar o a abandonar ese espacio.

Las personas distintas o las que disienten no son consideradas personas con derecho a pensar diferente. Son, simplemente, las contrarias. Ya no son mujeres u hombres, ya no serán semejantes, sino cosas a expulsar o a aniquilar. Mentir y sembrar la ignorancia pasa por deshumanizar a esos seres que ya dejan de ser tus iguales, tus vecinos o tus colegas para pasar a ser animales sin derechos que se pueden tratar como escoria a exterminar.

Luego llegará la exigencia de fidelidad al líder y el repudio a los enemigos de la «patria» o de la causa.

¿DÓNDE ESTABAN ANTES LOS «SALVADORES»?

Cuando se aproximan las elecciones o cuando la sociedad alza la voz en reivindicación de cosas tan nobles como los derechos postergados de las mujeres o de los colectivos menos favorecidos por nuestras leyes, suelen aparecer, para dar respuesta a estos reclamos, algunas asociaciones de nombres rimbombantes, pero de casi nula representatividad social, que pueden hablar en nombre de colectivos tan dispares como los «médicos católicos» o los «abogados por la justicia». Hablan en nombre de todos y se inventan organizaciones con enunciados que cualquiera aprobaría por obvios.

Así, en diciembre de 2022 apareció en España la Asociación para la Defensa de los Valores de la Transición (ADVT), que clama por el reconocimiento del «delito contra la Constitución», para el que se pide aplicar penas que –según sus defensores– ya son de aplicación en las «naciones europeas más avanzadas». No queda claro de qué naciones europeas están hablando, pero la declaración es suficiente para que algún medio ultraconservador difunda titulares del tipo «Una veintena de asociaciones civiles alertan a los partidos de la desintegración de España».

El ruido sobre ETA, que no cesa a pesar de su disolución hace años, alienta los delirios ultras de Jaime Mayor Oreja, exministro de Interior de José María Aznar, quien ha creado –junto con personas afines a la causa ultracatólica– la asociación «NEOS, un nuevo rumbo para España». La organización se ha dirigido a los políticos para reclamarles «una corrección del rumbo de España». La proclama insta a los partidos a actuar ante «la magnitud del desastre que se cierne sobre la Nación», ya que, según afirma, la sombra del terrorismo de ETA se cierne sobre el proyecto de España. Estas asociaciones guardianas de la patria también se preocupan de rescatar nuestra «moral» y evitar que sigan adelante medidas como la legalización del aborto o el matrimonio entre personas del mismo sexo.

LA FIDELIDAD/SOMETIMIENTO A LA CRUELDAD

Los demócratas liberales se empeñan en blanquear a estos falsos partidos democráticos porque creen que eso les facilitará impedir los avances de las corrientes de renovación de las izquierdas. Se equivocan por mucho. Una tónica general de las derechas es que, cuando llegan al poder, comienzan a desplegar artes tan miserables como la exigencia de lealtad a la causa o las pruebas de patriotismo.

No es nuevo: en Italia, en 1931, Mussolini o sus adláteres solicitaron a los profesores universitarios un acto formal de sometimiento; se trataba de que firmaran una declaración de adhesión que se conoció como *Juramento de lealtad al fascismo*. Era un acto tan «voluntario» que aquellos que se negaron a firmarlo perdieron sus puestos de trabajo en las universidades italianas. El *Juramento* dice así:

> *Giuro di essere fedele al Re, ai suoi Reali successori e al Regime Fascista,*
> *di osservare lealmente lo Statuto e le altre leggi dello Stato,*
> *di esercitare l'ufficio di insegnante e adempire tutti i doveri accademici col proposito di formare cittadini operosi, probi e devoti alla Patria e al Regime Fascista.*
> *Giuro che non appartengo né apparterrò ad associazioni o partiti, la cui attività non si concilii coi doveri del mio ufficio[1].*

---

[1] «Juro ser fiel al Rey, a sus sucesores reales y al Régimen Fascista, observar lealmente el Estatuto y todas las leyes del Estado, ejercer la labor de docente y cumplir con los deberes académicos con el propósito de formar ciudadanos trabajadores, probos y devotos de la Patria y del Régimen Fascista. Juro que no pertenezco ni perteneceré a asociaciones o partidos cuyas actividades no concilien con los deberes de mi trabajo». Regio Decreto, 6 de abril de 1924, n. 674, en *Gazzetta Ufficiale del Regno d'Italia*, n.º 120, 1924.

LA BESTIA YA ESTABA ALLÍ, PERO NO LA VEÍAMOS

«Cuando despertó, el dinosaurio todavía estaba allí». Este microrrelato del escritor Augusto Monterroso puede servir para sintetizar un largo periodo en el cual toda la Europa democrática y, de forma principal, los partidos conservadores quisieron creer en la convivencia con la ultraderecha latente, llegando incluso a admitirla entre sus filas a fin de blanquear así sus reales intenciones. Detrás de ella se albergaba también la idea de aprovechar el populismo ultra para aislar a parte de la clase obrera de las izquierdas.

Durante años parecían que ya no estaban o que eran grupos aislados de nostálgicos del nacionalismo pueril.

Sería muy inocente pensar que esta extrema derecha que está apareciendo ha nacido de la nada o como una mera reacción ante la creciente burocratización o corrupción de los gobiernos y los partidos democráticos. Es cierto que la supeditación de la tarea de gobernar a los nuevos modelos de gestión tecnocrática ha supuesto una pérdida de los valores atribuidos a la clase política. Tanto como que las nuevas formaciones políticas progresistas y los nuevos perfiles de sus dirigentes, con sus desatinos y su desprecio por las «viejas» formas de hacer política, pueden haber posibilitado las oportunidades electorales de las facciones antidemocráticas anti-Estado.

Pero los errores de la democracia no son la causa directa del auge de las ultraderechas, sino de que hayan aflorado a la superficie, al considerar que el descontento del electorado con los partidos tradicionales le abría su oportunidad para llegar al poder. Su emergencia tiene más que ver con la ampliación de los límites de posibilidad de la propia derecha. Este extremismo siempre estuvo allí, de forma más o menos latente y cada vez menos silenciosa. No nos engañemos: no son un partido político al uso y necesitan unas condiciones como las presentes para justificar sus mensajes y su presencia, pero, si pudieran acceder al poder por la fuerza, lo harían sin dudarlo.

En España, las ideas de la extrema derecha han vivido confundidas durante decenios bajo el ascendente del franquismo dictatorial, primero, y del franquismo aperturista de la Transición, después (es decir, el régimen franquista de inicio a final).

Al principio les bastó mantenerse en la latencia de un nostálgico falangismo ultraconservador, ultranacionalista y xenófobo, pero sin expresarse como una formación política con estructura de partido.

A inicios de la década de 2000, el giro «neocon» del expresidente José María Aznar y de la expresidenta madrileña Esperanza Aguirre irradió desde la cúpula del Partido Popular la existencia de un neoliberalismo «sin prejuicios», que permitió comenzar a verbalizar todo su desdén hacia el Estado del bienestar y su admiración por el «capitalismo rabioso».

Más tarde, coincidiendo con un nuevo gobierno del Partido Popular lastrado por la crisis de final de década, surgieron los liderazgos carismáticos que se postularon desde la derecha extrema, usando discursos populistas. El partido Vox emergía así con su crítica corrosiva a la «derechita cobarde» de Mariano Rajoy. Abascal y sus partidarios se posicionaron en la línea de la extrema derecha reformista europea, sumando las propuestas neoliberales más salvajes y al servicio de las elites, pero sin perder los rasgos propios del ultranacionalismo español.

CAPÍTULO III

LA NEGACIÓN COMO ARMA MASIVA DE DESTRUCCIÓN

La última pandemia del covid-19 ha actuado como un campo de ensayo para desplegar en toda su intensidad dos teorías básicas de la nueva ultraderecha: el negacionismo y la conspiración. En agosto de 2020, en medio de la pandemia, en la pequeña parroquia de Monterroso al Mare, que es el mayor pueblo de las Cinque Terre, en la región de Liguria, el párroco Maurizio Blondet colgó un cartel en el portal de su iglesia donde negaba la conveniencia de vacunarse, minimizaba los riesgos de la pandemia y animaba a los fieles a no inmunizarse. No era un gesto aislado: en Italia se había lanzado, con el impulso de algunos sectores ultracatólicos, una campaña contra la vacunación y la obligatoriedad del pasaporte sanitario como un ejercicio de la libertad individual. En las manifestaciones en este sentido se ha invocado al Espíritu Santo como único salvador, mientras que la ultraderecha de Matteo Salvini y Giorgia Meloni alimentaba esa desconfianza hacia el rigor científico y se alineaba con los católicos tradicionalistas. Dos mundos que suelen converger en estos últimos años.

LA GUERRA CONTRA LAS VACUNAS

Idénticas manifestaciones negacionistas y con idéntico tipo de líderes se produjeron desde Polonia hasta Estados Unidos, donde Donald Trump y el cardenal Raymond Burke, que lidera a los ultras contra el papa Francisco, se manifestaban contra las vacunas y hablaban de una conspiración de la República Popular China, que habría creado la peste. Mientras, otros aseguraban que se trataba de una macroconspiración para inocularnos a través de las vacunas «un microchip para controlar la salud de las personas».

En España, el entonces secretario general de Vox y su portavoz en el Ayuntamiento de Madrid, Javier Ortega-Smith, tras superar el contagio de un mal que había negado, acusó al «Gobierno criminal» de Pedro Sánchez de no informar de los efectos secundarios del coronavirus, aunque se reafirmó en que se trataba de un virus «creado por el Gobierno comunista chino en un laboratorio como arma biológica», que se les había ido fuera de control[1].

En París, en una de las protestas promovidas la ultraderechista Florian Philippot, exnúmero dos de Marine Le Pen en el Frente Nacional y hoy líder de Los Patriotas, denunció el *apartheid* impulsado por el Gobierno, y sus partidarios portaban pancartas con el lema «Alto a la dictadura».

El objetivo de proyectar la duda sobre el Estado y todo lo oficial lleva al digital español de tendencia ultra *Okdiario* a titular «Una enfermera se desmaya después de recibir la vacuna de Pfizer en Estados Unidos»[2]. Sin más información, apuntaba a un hecho cierto, ocurrido el 21 de diciembre de 2020 y que sin más contexto pretendía reafirmar a los negacionistas de la vacunación en sus mitos. Una información no interesada nos diría que centenares de miles de personas se estaban vacunando en el mundo desde hacía varias semanas y habían recibido ese mismo producto sin mayores incidencias. Si, además del titular, alguien se interesa en seguir leyendo, se pone de manifiesto que aquel había sido un hecho anecdótico sin mayor significación.

---

[1] [https://www.europapress.es/nacional/noticia-ortega-smith-acusa-gobierno-criminal-no-avisar-efectos-secundarios-mortales-covid-19-20200524114839.html].

[2] [https://www.newtral.es/bulo-muerte-enfermera-desmayo-vacuna-covid/20201220/].

La conspiración como reivindicación reaccionaria

Las teorías de la conspiración unidas al negacinsno son uno de los pilares del trabajo en redes de la ultraderecha, y sus afirmaciones se formulan de manera ambigua y, en algunos casos, son imposibles de contrastar de forma inmediata por el receptor pasivo, propicio a culpar a cualquiera de los males compartidos y, en muchos casos, carente de capacidades para detectar la falacia.

El mismo expresidente estadounidense Donald Trump se apuntó a denunciar la existencia de una megaconspiración para quitarle el poder cuando los datos le demostraron que había perdido las elecciones de 2020. Esa conspiración ya venía siendo cocinada entre sus partidarios ante las encuestas que señalaban la posibilidad de su derrota. Sólo bastaron su vulgar y encendida verborragia y las afirmaciones negacionistas en el mismo sentido de la cadena conservadora Fox[3] para que sus seguidores ya no dudaran en la necesidad de asaltar el Capitolio el 6 de enero de 2021 para pretender evitar, en un gesto inútil, la investidura de Joe Biden.

A Trump no le importaba que con su denuncia pusiera en tela de juicio todo el sistema electoral de su país; como tampoco le importó a Jair Bolsonaro, que imitó ese gesto irresponsable y promovió el asalto al parlamento en la plaza de los Tres Poderes de Brasilia el 8 de enero de 2023 y por idénticos motivos.

Algunos de estos asaltantes, tanto los de Washington como los de Brasilia, han sido identificados y llevados ante los tribunales para ser juzgados. Sin embargo, nadie llevará a los inductores de esos actos terroristas ante los tribunales por apañar las medias verdades y las mentiras que han nutrido estas acciones insensatas.

El negacionismo y la conspiranoia de los neoultras pretenden crear un nuevo antagonismo que ya no es el de la lucha de clases sino el enfrentamiento entre una supuesta elite indefini-

_____

[3] [https://es.euronews.com/cultura/2023/04/19/acuerdo-millonario-entre-fox-y-la-empresa-de-recuento-de-votos-dominion-para-evitar-ir-a-j].

da, que tiene *el poder,* y sus víctimas –que somos la ciudadanía–, que supuestamente carecemos de capacidades para enfrentarnos a esa elite.

Entre los que nos dominan desde las sombras, la ultraderecha sitúa a los partidos políticos –tanto los conservadores tradicionales como las izquierdas democráticas–, a los científicos con sus conocimientos y a los intelectuales. El objetivo es promover y desarrollar en la sociedad una suerte de *escepticismo reivindicativo* propicio para sus discursos ultras.

La mayoría de sus proclamas son falsas, incoherentes, contradictorias entre sí, pero adaptables a las circunstancias con total impudicia; no les importa dotarlas de un contenido racional, sino que sirvan a una conspiranoia general de carácter reaccionario.

FAKE NEWS: «UNA MENTIRA REPETIDA MIL VECES...»

«Resulta que "Europa obliga a España" a hacer algo que España no puede hacer [explorar sus minas de tierras raras], porque está prohibido por la Ley de Cambio Climático a la que sólo Vox se opuso» / «No hay consenso científico [...]. ¿Que podemos estar en un proceso de cambio climático? Puede ser. ¿Que la culpa sea de la acción del hombre? Eso ya es muy discutible» / «La ley en Madrid obliga a hormonar cuando un menor se declara trans, y un médico no puede oponerse»[4].

Todas estas son falsedades expresadas por dirigentes de Vox, y esa falsedad ha sido demostrada por distintas plataformas verificadoras; sin embargo, estas verificaciones independientes no han evitado su difusión a través de las redes sociales y de algunos medios de comunicación conservadores. El fenómeno de la *posverdad* hace que no importe la autenticidad de la noticia si esta tiene la suficiente carga de emotividad, ya que esto hace que se mantenga viva en su difusión.

---

4 [https://www.newtral.es/zona-verificacion/fact-check/].

El término *posverdad* señala la distorsión intencionada de un hecho que, manipulando creencias y emociones, sirve para influir en la opinión pública y en las actitudes sociales. Así la define la Real Academia Española de la Lengua (RAE)[5].

La difusión programada de la mentira no es un recurso nuevo, pero sí es cierto que la expansión de internet ha facilitado notablemente esa difusión.

En momentos en que las principales ciudades alemanas estaban en llamas y la Wehrmacht retrocedía en todos los frentes, el régimen nazi aún conseguía que amplios sectores del pueblo alemán siguieran creyendo que la victoria era posible, y no dudaban de la existencia del arma perfecta que prometía el *Führer*. Su ministro de Propaganda, Joseph Goebbels, construyó ese imaginario de la victoria sustentado en que «Una mentira repetida mil veces se convierte en verdad»... y dicen que también sostuvo: «Hay que hacer creer al pueblo que el hambre, la sed, la escasez y las enfermedades son culpa de nuestros opositores, y que nuestros simpatizantes lo repitan en cada momento».

Una y otra frase encajan de forma perfecta en lo que hoy se busca con las noticias falsas que circulan por las redes y que han hecho fácil llegar no sólo a las mil repeticiones necesarias para Goebbels, sino alcanzar centenares de miles en pocos minutos.

La Federación Internacional de Periodistas (FIP), que es la mayor organización mundial del sector y representa a 600.000 profesionales de medios de comunicación y 187 organizaciones en más de 140 países, se refiere así a este fenómemo:

> Siempre han existido las noticias engañosas, pero a partir de la emergencia de internet y de nuevas tecnologías de comunicación e información, las *fake news* han proliferado a lo largo y ancho del planeta.
>
> Este término es utilizado para conceptualizar la divulgación de noticias falsas que provocan un peligroso círculo de desinformación. Las redes sociales permiten que los usuarios sean

---

5 [https://www.unir.net/derecho/revista/que-es-la-posverdad/].

productores y consumidores de contenidos a la vez, y han facilitado la difusión de contenido engañoso, falso o fabricado. Así se genera un circuito vicioso, y una noticia falsa se replica miles de veces en cuestión de segundos. Todo esto sucede en un contexto de posverdad, término definido por el diccionario de Oxford como la palabra del año en 2016, y se refiere a las circunstancias en que los hechos objetivos son menos importantes a la hora de modelar la opinión pública que las apelaciones a la emoción o a las creencias personales[6].

Esto último que señalan los expertos de la FIP ha incidido en la difusión de las noticias falsas. Parte importante de la ciudadanía se informa en las redes sin capacidad de comprobar si son mentiras lo que reciben; algo que, según estudios cualificados, ha tenido consecuencias políticas directas dramáticas en los últimos años. La ultraderecha ha convertido las redes sociales en el gran aliado de sus engaños.

Por lo mismo, está claro que la difusión de noticias falsas representa un grave riesgo para la salud de las sociedades democráticas, para el derecho a la información y para el derecho a la verdad.

Lo más sencillo, como ya ocurre con otros atentados similares, sería dictar normas legales que penalicen esas prácticas, provengan estas de particulares o de organismos vinculados a administraciones, organizaciones políticas o grupos ideológicos.

Frente a estas medidas se alza el riesgo de que toda regulación de mensajes a través de los medios o de las redes sociales pueda violentar el ejercicio de la libertad de expresión, que es uno de los bienes más apreciados por el derecho a la información.

Ante esta situación, numerosas organizaciones independientes preocupadas por los daños sociales se han constituido en verificadores de noticias y han formado redes internacionales con el mismo fin. Conviene consultarlas, ya que, además, nos fa-

---

[6] [https://www.ifj.org/fileadmin/user_upload/Fake_News_-_FIP_AmLat.pdf].

cilitan herramientas para analizar las informaciones y detectar las noticias falsas.

La periodista y presentadora de televisión británica-iraní Christiane Amanpour[7], al comentar cómo vivió su trabajo sobre el terreno durante la guerra de los Balcanes, señala:

Comprendí que la objetividad significa dar a los bandos una voz y hablar con ambos, pero no tratar a todos los bandos por igual, no crear una equivalencia moral o fáctica forzadas.

Y cuando te encuentras ante este punto crítico en situaciones de violaciones graves de leyes humanitarias e internacionales, si no entiendes lo que estás viendo, si no entiendes la verdad y te quedas atrapado en el paradigma de las noticias falsas, entonces eres cómplice. Y rechacé ser cómplice del genocidio.

NEGACIONISMO DE LA CRISIS CLIMÁTICA

El negacionismo del cambio climático es una de las conspiranoias que une a los extremistas religiosos con ultraliberales y libertarios, la extrema derecha europea, cargos políticos, científicos solitarios y grandes empresas multinacionales defensoras y beneficiarias del uso de los combustibles fósiles. Detrás de estas últimas hay poderosos *lobbies* que mueven millones de euros para limpiarles la cara y perseguir judicialmente a las ONG y organizaciones defensoras de la preservación del clima.

Luchar contra los efectos más perniciosos del cambio climático ya ha sido reconocido como algo necesario en todos los foros internacionales, pero ocurre que esa asunción del conflicto llega cuando ya tenemos que admitir la existencia de una crisis climática a la que hemos llegado tras las repetidas moratorias de las autoridades internacionales para atender peligros reales como los del consumo de energías no renovables, la emisión de gases tóxicos, la deforestación, la polución de los mares y un largo

---

[7] [https://s3-eu-west-1.amazonaws.com/niu.materials/transcripcions_pdf/76374.pdf].

etcétera de perjuicios desoídos por los Estados a instancias de las grandes multinacionales de la producción.

Necesariamente, esa lucha por salvar lo aún rescatable y conservable del medio ambiente lleva a la modificación de hábitos comerciales y a la adopción de nuevas formas de producción. Es decir, que afecta a un capitalismo irresponsable que, a pesar de todas las recomendaciones científicas durante decenios, miró hacia otro lado, apoyó el negacionismo y financió la desinformación sobre el tema. La supuesta *nueva* ultraderecha es radicalmente conservadora. Y lo es de manera muy estratégica, escogiendo los temas con los que aferrarse al axioma de que no hay nada que cambiar porque «siempre ha sido así», cuando la historia y el sentido común nos dicen que estamos en permanente cambio.

Personajes como Ronald Reagan, Margaret Thatcher, los George Bush (padre e hijo), Donald Trump, Nicolas Sarkozy, Jair Bolsonaro, Boris Johnson o Javier Milei, y políticos actuales como Thierry Baudet, Marine Le Pen, Mariano Rajoy o Santiago Abascal se han empeñado en negar la complicidad de las actividades del ser humano en la aceleración del deterioro del medio ambiente[8].

Detrás de sus negaciones no hay debate sobre el tema con la comunidad científica mundial, sino el cierre de filas en torno a los intereses del sistema capitalista y su intención de no cambiar. Todos sus argumentos, tan infantiles como adjudicar los desastres climáticos directos y/o derivados a los que nos enfrentamos a un lógico devenir del planeta, y argumentar que algo similar ha sucedido ya centenares o miles de años atrás, no invalidan la aceleración comprobada de esos ciclos. «Desconocen la irracionalidad e irresponsabilidad de las acciones humanas, el origen antrópico del calentamiento global que padecemos y que tiende a incrementarse exponencialmente en los próximos decenios», señalan los expertos.

---

8 [https://www.carbono.news/politica/de-donde-viene-el-negacionismo-del-cambio-climatico/#:~:text=El%20negacionismo%20del%20cambio%20clim%C3%A1tico%20es%20una%20amalgama%20que%20une,su%20poderoso%20aparato%20de%20poder].

CAPÍTULO IV

CUANDO QUISIMOS DEJAR DE SER CRUELES

Todos los seres humanos nacen libres e iguales en dignidad y
derechos y, dotados como están de razón y conciencia, deben
comportarse fraternalmente los unos con los otros.

Artículo 1 de la Declaración Universal de Derechos Humanos.

El 10 de diciembre de 1948, en París, la humanidad hizo
balance del impacto de las guerras mundiales y culminó uno de
los procesos más necesarios y retadores en clave internacional:
elaborar un documento común a todas las personas con el fin de
evitar el ejercicio sistematizado de la crueldad por parte de unas
contra otras. Nunca nuestra sociedad había sido tan ambiciosa
en la búsqueda de la igualdad de derechos a escala planetaria. Las
sufragistas, el movimiento antiesclavista, el movimiento obrero
internacionalista o el movimiento pacifista que Gandhi iniciara
como lucha política en India fueron precedentes que sin duda
abrieron camino, pero nunca una declaración de derechos in-
terpeló a tantos países de manera tan integral y amplia. Nuestra
dejadez social durante la modernidad nos había llevado por un
sendero de infortunios que, a pesar de todos los adelantos en la
humanización del planeta, nos había convertido en auténticos
transgresores de lo más esencial: el respeto por las personas y
sus libertades.

DERECHOS HUMANOS: POR QUÉ NACIERON
Y PARA QUÉ SIRVEN

La vida humana no se debe entender como un mero transcu-
rrir biológico, sino como un espacio profundamente vital donde

mujeres y hombres puedan desarrollar todas las capacidades de las que se hallen dotados y las compartan de forma fraternal con sus congéneres. La evidencia de la necesidad de defender ese espacio y garantizar su acceso en condiciones de igualdad fue la que determinó hace varios decenios la proclamación de la Declaración Universal de los Derechos Humanos (DUDH). Este documento, adoptado por la Asamblea General de las Naciones Unidas en su Resolución 217 A (III), el 10 de diciembre de 1948 en París, recoge en los treinta ítems de su articulado los derechos humanos considerados básicos, los que son inviolables por persona y/o entidad alguna. Estos derechos son propiedad inalienable de todas las personas por el mero hecho de haber nacido. Es decir: son universales.

Actualmente existen corrientes de pensamiento crítico que identifican la defensa de los derechos humanos con un posicionamiento naíf, pequeñoburgués y autocomplaciente ante los descalabros de un mundo complejo y en creciente degradación. Desde estas páginas queremos dejar claro que la historia de la DUDH no está exenta de controversia y se ha caracterizado, precisamente, por la carencia de compromisos firmes que posibilitaran su aplicación de manera íntegra. Lo cierto es que la falta de consenso internacional sobre la obligatoriedad de proteger y respetar los derechos humanos ha existido desde siempre. En sus inicios, el documento no logró ser formalizado como un tratado internacional de carácter obligatorio para los Estados firmantes, y en ese momento se limitó a una declaración que fuera tomada como un ideal orientativo para la humanidad. La Unión Soviética negó por varias razones su voto a la aprobación de la resolución. La primera de esas razones era que el articulado de la DUDH no reflejaba explícitamente un rechazo firme al fascismo ni al nazismo.

TREINTA AÑOS Y TODAVÍA SIN CONSENSO UNIVERSAL

España constituye un buen ejemplo de la tibieza con la que la ONU trató el tema. El Gobierno de España, que había abandonado la Sociedad de Naciones cuando el dictador Franco llegó al poder, fue declarado ilegítimo por la ONU en 1946 por sus vinculaciones con el Tercer Reich. No obstante, y a pesar de las declaraciones de intenciones, nunca se llevó a cabo ninguna intervención en el país para la restitución de los derechos humanos y democráticos. España ingresó en la ONU en 1955, después de que se levantara el veto simbólico de la organización sobre el país y tras los pactos de Madrid con Estados Unidos, en los que las ayudas del Plan Marshall se intercambiaron por la cesión de territorio para la instalación de dos bases militares norteamericanas. La Asamblea General de la ONU aprobó así el ingreso de España a pesar de ser un régimen dictatorial.

Fueron necesarias tres décadas desde la Declaración Universal de los Derechos Humanos para alcanzar un consenso internacional suficiente que estableciera la obligatoriedad para los Estados de cumplir con los preceptos del documento. Entraron en vigor los Pactos Internacionales de Derechos Humanos, que, junto con sus protocolos opcionales y la DUDH, comprenden lo que se ha denominado como Carta Internacional de Derechos Humanos. En la actualidad, todos los Estados miembros de las Naciones Unidas han ratificado al menos uno de los nueve tratados internacionales básicos de derechos humanos, y el 80% de ellos ha ratificado al menos cuatro de ellos. Disponible en más de quinientas opciones de lengua, que incluyen diferentes idiomas, dialectos, lenguas indígenas y lenguas de señas, la DUDH es el documento más universal del mundo. Pero, a pesar de todos los avances, la Declaración sigue sin ser una medida suficiente para evitar que muchas personas y naciones sigan vulnerando los derechos universales de los seres humanos.

Volviendo a España, en noviembre de 2019 el partido político Vox anunció que no daría «un paso atrás» para alcanzar su objetivo de expulsar de territorio español a los inmigrantes irregulares, fuesen mayores o menores de edad. Esta proclama chocaba de frente con los preceptos de la Convención de los Derechos del Niño de la ONU, que impide la expulsión de los menores. Ante esto, Santiago Abascal, el presidente de esta formación de extrema derecha, manifestó desde su escaño en el Congreso de los

Diputados que sometería a estudio de su partido pedir al Estado español que se desmarcase de este convenio de Naciones Unidas, que es el acuerdo internacional con mayor respaldo de naciones y que ya tiene una vigencia de treinta y dos años. Por ese tratado, los Estados firmantes, entre ellos España, se obligan a dar prioridad al «interés superior del niño» en cualquier medida que le afecte; a no discriminarlo por razón de sexo, religión, origen nacional, étnico o social, y a garantizar la protección de todos sus derechos. Todo ello impide las expulsiones masivas e indiscriminadas de menores extranjeros no acompañados (MENA).

Esta actitud, contraria a los derechos de la infancia, es sólo una de las puntas del iceberg del espectro ultraliberal que pone su empeño en proclamar que los derechos humanos son un exceso imaginativo de las izquierdas que ha sido consentido por los Gobiernos de la derecha europea. Incluso llegan a afirmar que la lucha por los derechos de los individuos a transitar o migrar es un despropósito que atenta contra los Estados occidentales y contra sus culturas. Nada de todo esto tiene sentido ni es verosímil en un mundo global donde solo mentes cerradas pueden imaginar que la humanidad puede desandar el camino hacia un pasado de horrores que, si aún sigue presente, es precisamente por la vulneración de los principios consagrados en la Declaración Universal de Derechos Humanos.

LOS DERECHOS UNIVERSALES NO SON DEBATIBLES

Los ataques a los derechos fundamentales se vienen sucediendo, de hecho, desde hace varios años. En 2013, los negacionistas decían que el recorte de los derechos laborales era imprescindible para superar la crisis económica. Nils Muiznieks, comisario de Derechos Humanos del Consejo de Europa, les cerró el paso con un informe en el que advertía que «la protección de los derechos humanos no es algo relativo o debatible, sino que tiene un marco normativo y líneas rojas que los Gobiernos deben respetar».

Por su parte, la organización Amnistía Internacional añadió: «Los derechos humanos engloban derechos y obligaciones inherentes a todos los seres humanos que nadie, ni el más poderoso de los Gobiernos, tiene autoridad para negarnos. No hacen distinción de sexo, nacionalidad, lugar de residencia, origen nacional o étnico, color, religión, lengua, edad, partido político o condición social, cultural o económica. Son universales, indivisibles e interdependientes».

¿A QUÉ INTERESES RESPONDE LA NEGACIÓN DE LOS DERECHOS?

La negación de los derechos humanos tiene dos variantes: la que niega que estos sean o hayan sido violados y, como hemos visto, la que niega la validez del concepto en sí. Una buena muestra de la primera variante es el hecho evidente de que negar las violaciones de derechos humanos ha dado pie, de forma inalterada a lo largo de la historia, a la deslegitimación de la institucionalidad democrática de los países y de la soberanía popular. Es la misma negación que ha justificado la instauración y mantenimiento de los regímenes dictatoriales y autoritarios que resultaban convenientes para la expansión de un determinado orden económico mundial. No es nada nuevo. Eduardo Galeano ya describió este fenómeno en 1971 en un libro que tituló *Las venas abiertas de América Latina* y que continúa siendo un importante referente para entender los orígenes y las consecuencias del extractivismo y la dominación capitalista global[1].

La segunda variante del negacionismo de los derechos es menos burda y más peligrosa, porque pasa por corriente de moda incluso entre la intelectualidad más crítica. Este negacionismo se opone a las razones ideológicas que pudieran defenderse desde los Estados para imponer y preservar una determinada idea de dominación y supremacía. Siguiendo este argumento, los de-

---

[1] Eduardo Galeano, *Las venas abiertas de América Latina,* Siglo XXI, 1971.

rechos humanos se incluyen en la lista de elementos que favorecen la instauración en el mundo de la hegemonía cultural occidental. En este libro vamos a defender las tesis de Gráinne de Búrca[2] para dar cuenta del peligro que entraña obviar las consecuencias de la negación de los derechos humanos, así como del fértil campo de oportunidades que tamaña insensatez abre los discursos de la extrema derecha.

Las bases sobre las que se construyen las narrativas de negación de los derechos humanos desde la ultraderecha se asientan en un contexto de cuestionamiento del poder del Estado ante un orden mundial neoliberal. Se trata de un discurso que no rompe formalmente con la institucionalidad jurídica de las sociedades democráticas (como sí lo han hecho los fascismos que han instaurado regímenes totalitarios), sino que se pronuncia desde una pseudo-institucionalidad de la defensa de la libre expresión y de los intereses privados. Para ello, apelan a ideas como la de la injusticia en tanto que efecto de la ineficiencia de la administración burocratizante de los Estados.

Según esta teoría, el Estado resulta un aparato demasiado pesado para seguir el ritmo de crecimiento económico que impone el neoliberalismo global. La regulación en clave estatal supone un freno y un lastre para nuestra sociedad. Este es el argumento que Javier Milei utilizó para ganar votos en las presidenciales de Argentina. De hecho, una de las primeras medidas políticas de su mandato ha sido la promulgación del decreto de desregulación de la economía, privatización de servicios básicos, dictar normas para el ejercicio del derecho de huelga y de la libertad de manifestarse de forma pública.

La naturaleza líquida con la que, hace más de veinte años, Zygmunt Bauman bautizó la sociedad moderna dibuja precisamente este contexto en el que las reglas del juego no se asientan sobre las certidumbres, los pactos o los consensos. La toma de decisiones no atiende a razones de peso, como podría ser la lucha por los derechos humanos. La sociedad actual aparece

---

[2] Gráinne De Búrca, *Reframing Human Rights in a Turbulent Era,* Oxford, Oxford University Press, 2021.

desclasada, fragmentada y desprovista del poder de lo colectivo. El transitar por la vida activa de cada ciudadana y cada ciudadano se ve arrastrado por unos ritmos cada vez más acelerados donde mandan el consumo tecnológico, el individualismo, la fluidez y la volatilidad. Bauman conceptualizó esta sociedad líquida para denunciar que constituye en la práctica el perfecto caldo de cultivo para el aumento de las desigualdades. Lo peor, según este autor, es que esta ideología esté impregnando una narrativa hegemonizante en la que las desigualdades adquieren connotaciones positivas. La desigualdad, según esta lógica, estimula a la gente a incorporar el espíritu de superación y competitividad[3]. La extrema derecha ha tomado posiciones perfectamente calculadas en este contexto. No se trata de implantar una burda reproducción de idearios neofascistas, sino de nadar siguiendo la corriente del discurso dominante. El neoliberalismo procura una excelente narrativa y no hace falta invertir grandes esfuerzos para construir e inculcar idearios que, de otro modo, quedarían encerrados en el cajón de las ideologías extremas. Lo único que la extrema derecha ha tenido que hacer es negar la validez de los derechos humanos como consigna de un mundo mejor. Puesta la desigualdad en el centro, ya sólo cabe señalar que, si alguien tiene la culpa de no poder acceder a cierto nivel de vida y a cierto bienestar, son precisamente las personas que no encajan en el modelo de sociedad al alza.

Lo artero de este negacionismo es que utiliza el injustificable argumento de que los derechos humanos atentan contra las libertades de quienes gozan de unos privilegios legítimos y merecidos, fomentando así la impunidad de los delitos que agravan la desigualdad. Esto se ampara en la divulgación de conceptos discriminatorios sobre algunos colectivos diferentes al común hegemónico y que han sido reprimidos en su libre expresión. De este modo, y siguiendo el análisis de Bauman, la «otredad» es percibida como un problema social ante

---

3 Zygmunt Bauman, *Liquid Modernity,* Cambridge, Polity Press, 2000 [ed. cast.: *Modernidad líquida,* México, Fondo de Cultura Económica, 2003].

el cual cabe aplicar tres estrategias: la separación del otro excluyéndolo, la asimilación del otro despojándolo de su otredad, y la invisibilización o silenciamiento del otro para borrarlo del mapa.

La razón de fondo de la negación de las libertades humanas y de los derechos fundamentales no es más que la defensa del capitalismo salvaje mediante la desposesión y la privación. Se trata de un supracapitalismo que no reconoce obligaciones sociales para las empresas. Por ello no es casual que el discurso del pensamiento ultra actual surja de las escuelas de economía y de los nuevos modelos de gerencia empresarial que legitiman el derecho supremo de las empresas a colocar sus beneficios económicos como objetivo que está por encima de todo derecho humano.

NECROCAPITALISMO, LA ECONOMÍA CRIMINAL

Esta cuestión ha sido extensamente analizada desde las tesis que en los últimos años han explicado el fenómeno del necrocapitalismo o de la necropolítica del capitalismo (Banerjee, 2008)[4]. Lo que actualmente está en juego es la supervivencia de toda aquella o aquel que resulta molesta o molesto para el proceso de enriquecimiento de las elites. La disminución de la garantía de derechos o la garantía de derechos sólo para una minoría resultan así proporcionales al aumento de la pauperización de las mayorías desposeídas. El mundo neoliberal no extermina la pobreza. Extermina a las personas pobres sujetas a las diversas formas de violencia (estructural, sistémica, global) que el capitalismo extractivista hace pasar por formas de vida en todo el planeta.

Por todo ello, es de suma importancia rescatar el valor y la necesidad de documentos como la Declaración Universal de los Derechos Humanos y recordar las obligaciones de cual-

---

[4] Subhabrata Bobby Banerjee, «Necrocapitalism», *Organization Studies* 29, 12 (2008), pp. 1541-1563.

quier organismo o administración estatal o internacional a la hora de velar por el cumplimiento de sus preceptos. No se trata de adoptar una postura ingenua o hipócrita, sino de reivindicar la utilidad de iniciativas como la DUDH en tanto que herramientas de alcance planetario. La defensa de los derechos no puede ser cedida a las dobles o malas interpretaciones. Los derechos humanos no apelan solamente a las personas que viven acorde con el marco interpretativo o moral de una identidad ligada a un concepto exclusivo de patria o de ciudadanía. Los derechos humanos no pueden concederse o negarse en función del grado de obediencia a las reglas que impone el capitalismo o el orden global neoliberal, porque dejan fuera del relato a millones de seres que se mueven en otros escenarios.

El actual movimiento por los derechos humanos es heredero de una cantidad ingente de luchas y de trabajo en todos los rincones del planeta. Insistir en la vigencia y necesidad de seguir con el empeño puede que moleste a determinados sectores interesados en menoscabar su importancia o, simple y llanamente, en eliminar su defensa. En su texto «Prejuicios y estereotipos», Carolina Vásquez Araya (periodista chilena residente en Guatemala) apuntaba el contenido de los informes de la Oficina del Alto Comisionado de las Naciones Unidas para los Derechos Humanos, en el que se señala «la participación directa o indirecta de agentes estatales en ejecuciones extrajudiciales, asesinatos de reclusos en las cárceles y operativos de limpieza social», subrayando que «los índices de violencia en países oficialmente sin guerra están entre los más altos del mundo». Ante la presión ejercida contra las personas que defienden públicamente los derechos humanos en contextos donde estos son más impunemente vulnerados, Vásquez Araya expresa: «Repetir frases condenatorias hacia el trabajo de quienes creen en la protección de los derechos inherentes a nuestra condición de humanos, revela una pérdida de perspectiva cuyo poder desarticulador del tejido social constituye un retroceso moral en nuestras sociedades. Los derechos humanos son inherentes a todos nosotros, con independencia de nacionalidad, género, origen étnico o nacional, color, religión, idioma o cualquier otra condición. Defenderlos es deber de todos»[5].

Gráinne de Búrca, en su libro ya mencionado, sostiene que la potencia y legitimidad de la defensa de los derechos humanos tiene tres raíces profundas. La primera, y bien arraigada, se expresa a través de los valores universales de la dignidad, el bienestar y la libertad humanas. La segunda es que estos valores han dado pie a poderosos instrumentos jurídicos internacionales. La tercera raíz es la que da vida al derecho más allá de su formulación sobre el papel a través de la movilización y la acción de las personas y los colectivos afectados. Los derechos humanos adquieren significado y producen un impacto gracias a años de trabajo y compromiso, apelando a la responsabilidad de instituciones y activando complejos procesos nacionales e internacionales, como, por ejemplo, los tratados de paz. No podemos simplemente obviar todo esto. El análisis que ofrece De Búrca nos brinda un excelente argumento para no creernos la patraña de que los derechos humanos no están a la altura de los desafíos de la era actual. Precisamente ahora, y por todo lo que hemos explicado, no podemos abandonar su defensa ni mucho menos negar su existencia.

La inseguridad ciudadana como pretexto de la crueldad

Los discursos de las distintas ultraderechas giran de manera recurrente en torno a unos pocos temas que, según ellos, ponen en peligro los pilares de la patria y sus valores étnico-culturales. Por lo mismo, no es extraño que la llegada de inmigrantes provenientes de otras etnias y culturas constituya, para ellos, un problema de seguridad para la convivencia y salud social de los nativos.

Su discurso xenófobo difunde que estos extranjeros son los culpables del crecimiento de la delincuencia, son la razón esen-

---

[5] Carolina Vásquez Araya, «Prejuicios y estereotipos», *El Quinto Patio*, 1 de mayo de 2023 [https://carolinavasquezaraya.com/].

cial del desempleo de los nacionales, y la posibilidad de que se asimilen a nuestra sociedad la sienten como una amenaza de la multiculturalidad, que destrozaría nuestras esencias nacionales, unas esencias que, si existieron alguna vez, ya son difíciles de identificar con certeza.

Ante estos «peligros» proponen aumentar la seguridad, blindar las fronteras, perfeccionar las leyes represivas, y para justificar estos despropósitos vuelven a apelar a la conspiranoia y se resucitan mitos nazis como el del «gran reemplazo» o el plan Kalergi.

Ambos son complots imaginarios supuestamente orquestados por las elites políticas y económicas para importar millones de trabajadores de Asia y África, y mezclarlos con las «razas europeas» con el fin de «crear un híbrido humano débil y fácil de manipular, aumentar la disponibilidad de mano de obra barata y, finalmente, acabar con la "raza blanca". Es la teoría conspirativa conocida como "plan de Kalergi", que, desde hace poco más de una década, circula entre los seguidores de varios partidos nacionalistas y de extrema derecha europeos»[6].

Este disparate, que parecía olvidado, reaparece de forma periódica en las redes sociales, y en los últimos años ha vuelto a hacerlo como si fuera una verdad nueva a causa de Matteo Salvini, el líder del partido Liga Norte y actual ministro del Interior de Italia.

En varios de sus mítines, Salvini ha alertado contra el «intento de genocidio contra las poblaciones que han estado viviendo en Italia durante los últimos siglos, que alguien querría suplantar por decenas de miles de personas procedentes de otras partes del mundo», algo que no está nada distante de las teorías de Donald Trump ni de las consignas en política de fronteras de la ultraderecha de Vox, y que es común a otras agrupaciones europeas del mismo signo.

En Europa y Estados Unidos se plasma con frecuencia en discursos islamófobos con un componente de arabofobia, a menudo confundiendo árabe con musulmán. En Países Bajos, el

---

6 [https://www.bbc.com/mundo/noticias-internacional-45841641].

Partido por la Libertad lleva en su programa electoral que «millones de holandeses han tenido ya suficiente islamización de nuestro país. Suficiente inmigración masiva y el asilo, el terror, la violencia y la inseguridad. Este es nuestro plan […] queremos gastar el dinero en el holandés común, en el ciudadano de a pie». Alternativa por Alemania, por su parte, ha propuesto expulsar a los extranjeros de los que se sospeche que pertenecen a una organización criminal organizada.

Por otro lado, los partidos de ultraderecha vinculan terrorismo e islam, y hacen responsable a las políticas de las izquierdas de la existencia de variadas culturas, que habrían proliferado por esa visión aperturista. Marine Le Pen llegó a decir en 2017 que la Francia multicultural había convertido el país en «una universidad de yihadistas».

La mayor seguridad que propone la derecha no se basa en las leyes de reinserción y reparación del delincuente, ya que hay colectivos (migrantes, gays, sindicalistas, activistas sociales...) a los que se les adjudica de suyo la intención de delinquir por ser refractarios a su idea del «orden social». Ante esos peligros, la derecha radical desprecia a la «derechita cobarde» y se presenta como la única con solvencia para hacer frente a esa amenaza.

El endurecimiento de las penas a criminales, el establecimiento de la pena de muerte o el aumento de los recursos policiales para reforzar la seguridad ciudadana mediante la limitación de las libertades son temas recurrentes en los discursos de los ultras.

El eslogan preferido del ultraderechista neerlandés Geert Wilders es «más seguridad, menos inmigración», y su partido propugna leyes más duras y la actuación contundente de tribunales y fuerzas de orden público, cuyo número ampliarían, así como aumentarían su presencia en las calles. El expresidente brasileño Jair Bolsonaro sostenía: «Si un policía mata a diez, quince o veinte presuntos delincuentes metiéndoles diez o treinta balas a cada uno, lo que habría que hacer es darle una medalla, no enjuiciarlo».

Patricia Bullrich, la ministra de Interior de Milei, que lo fue antes de Mauricio Macri, se manifiesta decidida a terminar con las manifestaciones contra el plan de *shock* que ha devaluado el peso el cien por cien, no renueva los contratos a los empleados públicos y ha anunciado aumentos en las tarifas de servicios básicos y del transporte público[7]. Para conseguirlo, ha convocado a todas las fuerzas de seguridad para que actúen «hasta dejar completamente liberado el espacio de circulación [...]. Las fuerzas emplearán la fuerza necesaria y suficiente, que será graduada en proporción a la resistencia». «Hemos vivido muchos años bajo un desorden total y absoluto», ha dicho Bullrich. «Es hora de terminar con esta metodología, con la extorsión que sufren los ciudadanos».

Además, dice que se creará un registro de organizaciones sociales (gremios, sindicatos y asociaciones, etc.) que «instiguen» las protestas y que «enviará la factura» de «los gastos» de la represión a los responsables. «El Estado no va a pagar por el uso de las Fuerzas de Seguridad, tendrán que pagar las organizaciones con personería o los individuos.»

SEGURIDAD ANTE LA CULTURA Y EL «ADOCTRINAMIENTO»

La seguridad y la prevención del delito, para la ultraderecha, se proyectan con gran transversalidad a otros espacios sociales, y persigue otros derechos humanos como el de recibir e impartir enseñanza o el de la cultura creativa.

Los partidos de la ultraderecha defienden que se debe intervenir en los campos cultural y educativo que consideran que están siendo «profanados» por las izquierdas y que ven necesario rescatar para inculcar en los jóvenes el sentido de la disciplina y del respeto a los «valores tradicionales», entre los que se incluye la familia patriarcal y el nativismo frente a la multiculturalidad.

En España, la llegada de Vox a distintos ayuntamientos en alianza con el PP se manifestó de forma rápida en la censura de

---

[7] [https://elpais.com/argentina/2023-12-14/milei-lanza-un-plan-para-reprimir-las-protestas-si-se-toman-las-calles-habra-consecuencias.html].

expresiones culturales; una de ellas ha sido el Museo Inacabado de Arte Urbano (MIAU) que se celebra desde hace años en el pueblo de Fanzara –en Castellón–. En enero de este año, el nuevo consistorio impuso la censura previa a los artistas que quisieran participar. «Todas las intervenciones artísticas u obras de arte que vayan a ser pintadas, serán supervisadas previamente por el Ayuntamiento. Por ello, se deberá entregar […] un boceto de la intervención a realizar en aras de obtener la correspondiente autorización» marca la convocatoria del consistorio de Fanzara.

En 2023, el recién estrenado gobierno en coalición del PP, Vox y Extremeñistas en la localidad de Talayuela prohibió la interpretación de la pieza teatral *El señor Puta o la degradación del ser*, que estaba programada para octubre de ese año. El nuevo consistorio comunicó al elenco su decisión alegando que «no les parece apropiada» y «no la ven oportuna para la gente de su pueblo [...] por su alto contenido violento, pues contiene violaciones, asesinatos y escenas que no son aptas para todos los públicos»[8].

En el campo de la enseñanza, la ultraderecha libra una lucha cuerpo a cuerpo con todas la nuevas teorías y estudios consagrados sobre la pedagogía y sus formas de enseñar mediante la participación del alumnado y el intercambio de información con ellos, tanto como la integración de alumnos de ambos sexos en las aulas.

Los ultras consideran que estas mejoras en la pedagogía son ideas *perversas* introducidas por el *marxismo cultural* introducido por el profesorado *izquierdista* con la idea de adoctrinar a los enseñandos en la educación sexual integral y con perspectiva de género o la multiculturalidad, como si esta no fuera ya una de las características más notables del mundo occidental.

Una de las razones por las cuales el ultraliberal Javier Milei anunció su decisón de terminar con la cartera de Educación en Argentina y de confiar en la enseñanza privada es que nadie

---

8 [https://www.lamarea.com/2023/08/30/pp-y-vox-censuran-en-talayuela-caceres-una-obra-de-teatro-sobre-violencia-machista/].

fuera «rehén del adoctrinamiento del Estado». En paralelo, quiere terminar con la enseñanza primaria y secundaria obligatorias; la Administración subvencionaría con un bono de educación al que aspira a estudiar. Según Milei, «el tema de la obligatoriedad es querer controlar a los seres humanos e imponer tu patrón moral. El que quiera estudiar, estudia, pero obligar no me gusta». En la práctica, la escuela hasta ahora pública quedará en manos de corporaciones mercantiles que, por la cuenta que les lleva, impartirán esa enseñanza a clientes y no a alumnos.

CAPÍTULO V

UNA VIOLENCIA, TODAS LAS VIOLENCIAS

«Si comprender es imposible, conocer es necesario, porque lo sucedido puede volver a suceder, las conciencias pueden ser seducidas y obnubiladas de nuevo: las nuestras también...». Así nos prevenía Primo Levi. *Si esto es un hombre* es el título del último libro de la trilogía donde este autor relató sus días desde que cayó en manos de los nazis hasta su salida de Auschwitz al término de la Segunda Guerra Mundial, cuando ya había perdido toda esperanza de sobrevivir a aquel horror. La lectura de esas tres obras, donde no se halla un adjetivo, un grito de dolor ni una imprecación contra los torturadores, nos lleva a la angustia de no saber si quienes llevan a las personas a esa situación pueden considerarse seres humanos.

Pues sí, lo son. Levi, que los sufrió en sus carnes y se dejó los ojos como testigo de tanto dolor, sublima su padecimiento –compartido con millones– para llevarnos a un necesario distanciamiento de la anécdota y analizar la exaltación de la maldad que despertó con el advenimiento del nacionalsocialismo alemán y el fascismo italiano, que, como demostraron con sus hechos, no eran un partido más. Como no lo son hoy las formaciones políticas que, aunque estén legalizadas, utilizan las mismas proclamas de odio y violencia, y difunden las mismas ideas simples que se basan en la persecución de los otros, a los que se atribuye todos los males del sistema.

Como señalara Primo Levi, los humanos siempre se han matado entre ellos e incluso pueden formar cuerpos armados para ejecutar tremendas matanzas de sus congéneres, utilizando pretextos de propiedad de territorios (tal como los judíos israelíes, a su vez, hacen actualmente en el territorio de Gaza), de supervivencia, de hambre, de miedo, de ignorancia o de simple invocación a la patria y a Dios. Sin embargo, nunca hasta el siglo pasado las mentes de los defensores de estas ideas albergaron la enormidad de pensar en ellas como una posibilidad. Ya en el siglo presente, aunque suene increíble, hay quienes reivindican esas matanzas pasadas o niegan su existencia. Expresiones como «solución final» o «limpieza racial» fueron incubadas en los años terribles del nacionalsocialismo y dieron pie a la continuidad de injusticias conocidas, como la persecución antojadiza, la prisión ilegal o la discriminación por la ideología. No significaron una escalada en la capacidad de los humanos para odiar y matar, sino que definieron la aspiración a ejercer una crueldad infinita y nunca registrada que llevó a la formulación de una nueva palabra para describirla: *genocidio*. El término fue acuñado en 1943 por el abogado judío polaco Raphael Lemki a partir de la palabra griega *genos* (grupo familiar) y el sufijo latino *-cida, -cidio*, que significa «que mata o extermina».

El odio al distinto y vulnerable

El Estatuto de Roma (1998) define el genocidio como la acción de cometer actos orientados a destruir total o parcialmente un grupo nacional, étnico, racial o religioso. Los actos que pueden constituir genocidio son matanzas, lesiones graves a la integridad física o mental, someter a las víctimas a unas condiciones que puedan destruirlas físicamente –por ejemplo, obligándolas a abandonar sus casas o negándoles el alimento–, impedir el nacimiento de miembros del grupo a través de prácticas como la esterilización forzosa y trasladar a niños de un grupo humano a otro de una etnia distinta.

Este crimen apareció definido por primera vez en el Convenio para la Prevención y Sanción del Delito de Genocidio, que la Asamblea General de la ONU aprobó en 1948. Los Estados firmantes y los organismos de la ONU se comprometieron a sancionar a quienes lo cometiesen, y así lo vienen haciendo. Más tarde aparecería tipificado en los estatutos de los tribunales penales internacionales formados, en 1993, para la antigua Yugoslavia y, en 1994, para Ruanda. La Corte Penal Internacional es el tribunal internacional permanente que juzga el genocidio, entre otros delitos que la comunidad internacional considera de extrema gravedad.

Habría que preguntarse si quienes abogan por que se deje a los migrantes morir en los desiertos o en el mar no están induciendo al genocidio. También abarcaría a quienes prenden fuego a personas que duermen en la calle, así como a quienes impulsan a torturar a personas con identidades de género distintas a las adjudicadas por la madre naturaleza o a someterlas a tremendos tratamientos con la pretensión de «sanarlas» de su desviación.

NEGRO, POBRE, MIGRANTE...

El 29 septiembre de 2013, UNICEF informó que al menos 990 personas, incluidos niños, murieron o desaparecieron ese año al intentar cruzar el Mediterráneo central. Según datos más recientes ofrecidos por la Oficina del Alto Comisionado de las Naciones Unidas para los Refugiados (Acnur) y la Organización Internacional para las Migraciones (OIM), entre septiembre de 2022 y principios de agosto de 2023 fueron 2308 –en torno a mil eran niños– los refugiados y migrantes que corrieron esa suerte en la misma zona. Comparado con las cifras de 2013, se eleva al triple el número de personas que perdieron sus vidas en su intento de alcanzar las costas europeas.

Resulta muy difícil de entender cómo los simpatizantes con el ideario de la extrema derecha se niegan a entender que sólo gravísimas situaciones pueden impulsar a estos millares de personas a jugarse la vida a sabiendas. Estos migrantes huyen de guerras y de conflictos de convivencia graves, como la intolerancia religiosa, la violencia de las mafias, la violencia de género y los abusos sobre personas en condición de pobreza extrema. Sin embargo, no es menos cierto que estas personas no encontrarán (no encuentran) sociedades dispuestas en su conjunto a acogerlas, ni Estados que hayan articulado políticas humanitarias serias y respetuosas de sus derechos.

A pesar de que todas las evidencias indican que estamos ante una crisis humanitaria que no es debidamente atendida, la extrema derecha llena cada día las redes de *fake news* en las que elevan a categoría de delincuencia o incluso de terrorismo el mero hecho de que jóvenes inmigrantes ocupen el espacio público de la mayoría de las capitales europeas. Y en los parlamentos se afinan las herramientas de represión del migrante a instancias de las alas más conservadoras de los partidos parlamentarios.

En su amplio repertorio de supuestos enemigos de la civilización occidental y, por supuesto, de nuestra condición de reserva del cristianismo, la extrema derecha otorga un puesto preferente a las personas migrantes. Son un peligro general, no importa si son africanos, sudamericanos u orientales. En su afiebrada visión del europeísmo considera que toda contribución a la interculturalidad es una traición a la patria, y no sólo lo proclama, sino que propone leyes que, de prosperar, trastornarían la convivencia humana y convertirían a los extranjeros (los pobres y oscuros de piel, claro; no es el caso de las personas desplazadas por la guerra en Ucrania) en objetivos a exterminar o en personas de segunda sin opción a disfrutar de los mismos derechos laborales y asistenciales que la ciudadanía «autóctona».

Un ejemplo es la propuesta de una ley presentada en España por el Pleno del Congreso de los Diputados el 15 de febrero de 2022. Se trataba de la toma en consideración de una ley para endurecer los requisitos de obtención de la nacionalidad española que, entre otras medidas, pretendía extender el plazo para la adquisición de la misma por residencia en territorio nacional. La propuesta, que fue rechazada por el resto de las fuerzas parlamentarias, pretendía incrementar de 10 a 15 años el plazo general de residencia legal y continuada en España para la concesión de la misma. Además, el texto incluía que los interesados deberían acreditar para ello «buena conducta cívica y suficiente grado de integración en la sociedad española» o «estar en posesión de un certificado oficial de idiomas, acreditando un suficiente conocimiento de la lengua española».

ESPAÑA PARA LOS ESPAÑOLES

Durante el debate, el diputado de Vox Francisco José Peláez aseguró que «es estadísticamente incuestionable que los extranjeros delinquen más que los españoles» y que «la tasa de delincuencia de los marroquíes es 4,1 veces superior a la de los españoles, y la de los nigerianos, ocho veces superior». «El consenso progre intenta representar esta sobrerrepresentación en base a la pobreza, pero los españoles también fuimos pobres y no montábamos bandas de macheteros. La verdadera explicación es de carácter cultural, porque son inmigrantes que vienen de países más violentos», aseguró.

En la misma exposición señaló que «la nación no puede estar abierta a cualquiera» y cargó contra la presidenta de la Comunidad de Madrid, Isabel Díaz Ayuso, que se negó a vincular inmigración e inseguridad ciudadana: «Decía la señora Ayuso que algunos de los Dominican Don't Play son españoles. Supongo que quería decir que tienen el DNI español. Para nosotros ser español es mucho más que tener un papel. Esas personas no hubieran debido tener nunca ese papel».

En esa misma fecha y en el mismo lugar, los legisladores de la extrema derecha pretendieron impulsar una propuesta no de ley destinada a suspender la expedición o concesión de visados de entrada en Europa «a todos los ciudadanos de países emisores de inmigración ilegal» «en tanto en cuanto estos países no readmitan en sus fronteras a todos los inmigrantes ilegales devueltos por España».

«Nuestros recursos públicos tienen que ir primero a los españoles», aseguró en el pleno la diputada Rocío de Meer, quien declaró que España vive un «proceso de desintegración» por la llegada de personas migrantes.

Estas afirmaciones, por suerte rechazadas por la mayoría de las formaciones democráticas, no se sustentan en ningún dato fiable, ni hay registros oficiales que lo certifiquen o muestren la necesidad de esas reformas legales.

Al mismo tiempo contradicen las posiciones y normas que aconsejan y promueven las autoridades europeas que ya han puesto el acento y mostrado su preocupación por el creciente número de violencia y graves violaciones de los derechos humanos contra personas refugiadas y migrantes documentadas en varias fronteras europeas.

La Agencia de las Naciones Unidas para los Refugiados (Acnur) reiteró en 2022 estos extremos, y el Alto Comisionado de las Naciones Unidas para los Refugiados, Filippo Grandi, afirmó: «La violencia, los malos tratos y las expulsiones siguen denunciándose con regularidad en múltiples puntos de entrada en las fronteras terrestres y marítimas, dentro y fuera de la Unión Europa»[1].

Filippo Grandi dijo que «en las fronteras terrestres se denuncian con frecuencia prácticas igualmente terribles, con testimonios consistentes de personas a las que se les despoja de la ropa y calzado, y se les empuja brutalmente a retornar en condiciones climáticas adversas».

Es una clara condena de las actitudes que los Gobiernos y partidos de ultraderecha pretenden implantar en nuestras fronteras y que ignoran, sin el menor atisbo de humanidad, datos como los que ha aportado la organización humanitaria Médicos Sin Fronteras (MSF), que contabilizó que 1553 personas murieron en 2021 en aguas del Mediterráneo central, cuando intentaban ganar las costas europeas en barcos que naufragaron, provenientes de Libia.

MSF dirige operaciones de rescate de esos migrantes, en su mayoría oriundos del África subsahariana, a pesar de la poca o nula colaboración de las autoridades marítimas y de migración de Italia y Malta, principalmente. A las autoridades europeas, la organización humanitaria les pide que garanticen la capacidad de los Estados para la búsqueda y rescate proactivos de los mi-

---

[1] [https://www.acnur.org/es-es/noticias/comunicados-de-prensa/la-agencia-de-la-onu-para-los-refugiados-advierte-del-aumento-de-la].

les de migrantes y refugiados que son encontrados en condiciones infrahumanas.

Michelle Bachelet, que fue Alta Comisionada de la ONU para los Derechos Humanos y ocupa el cargo honorífico de presidenta de la Alianza para la Salud de la Madre, el Recién Nacido y el Niño, de la OMS, llegó a denunciar esa situación degradante en las fronteras entre Bielorrusia y Polonia, países que rechazan el ingreso de esas personas al espacio de la Unión Europea. En todos los casos y en todos los Estados europeos, las Administraciones hacen poco por contrarrestar los peligrosos efectos del discurso ultra, que habla de migrantes y personas refugiadas como si hablara de turistas que escogieran por mero placer jugarse la vida para llegar a las playas europeas. Tampoco hacen mucho por minimizar las conductas inhumanas de sus funcionarios.

El propio Filippo Grandi lamentó: «Salvo unas pocas excepciones, los Estados europeos no han investigado estos informes, a pesar del creciente número de pruebas creíbles. En cambio, se están levantando muros y vallas en varias fronteras».

El mensaje de la extrema derecha, precisamente, impulsa ese tipo de actitudes que ignoran las recomendaciones de las instituciones humanitarias europeas y que pretenden, como ya ocurre, que se violenten, devolviendo los refugiados a su país de origen a pesar de los riesgos que podrían correr en él, lo que contraría el principio jurídico internacional de la «no devolución».

LA EUROPA VALLADA

Conviene tener presente y dar a conocer a la ciudadanía que «el derecho a solicitar y disfrutar del asilo no depende del modo de llegada a un país», que las personas que huyen de la guerra y la persecución no disponen de muchas otras opciones, y que tanto las amenazas de muerte o de prisión como la miseria y el hambre empujan al que huye por razones de pura supervivencia, por lo que «es poco probable que los muros y las vallas sirvan realmente como elemento disuasorio», como señaló Grandi. Según él mismo, «lo que está ocurriendo en las fronteras europeas es legal y moralmente inaceptable, y debe terminar. Proteger la vida humana, los derechos humanos y la dignidad debe seguir siendo una prioridad compartida por todos».

La Caravana Abriendo Fronteras pone el foco en Melilla para unirse a otros colectivos y organizaciones sociales en los actos de denuncia de la matanza ocurrida en el paso fronterizo del Barrio Chino con Nador en junio de 2023. Setenta y tres personas perdieron la vida, 322 resultaron heridas y 77 se declararon desaparecidas, según la Asociación Marroquí de Derechos Humanos. Además, 470 fueron víctimas de una devolución masiva a Marruecos. Las organizadoras de la Caravana situaron lo ocurrido en un contexto global de crímenes contra la humanidad que los Estados están cometiendo contra las personas que se desplazan por causas forzadas. «La actual gestión de las fronteras en Europa es un cáncer que pudre el cuerpo social, que hace crecer el racismo y la xenofobia, que provoca un enorme sufrimiento y una insoportable cantidad de personas muertas», se afirma en el último informe de la Asociación Pro Derechos Humanos de Andalucía. Según este documento, la llegada de personas por la frontera sur española supone un escaso 4 por ciento de la migración irregular.

No obstante, el tratamiento alarmista de este tema apelando al riesgo para la seguridad ha dado pie a una militarización desproporcionada de la zona y a un uso de la violencia que no para de disparar las cifras de lo que puede considerarse una crisis humanitaria en toda regla. 2021 fue el año con mayor número de personas fallecidas y desaparecidas en la frontera sur española en 35 años, desde el registro de la primera muerte en 1988. De las 14.109 vidas perdidas desde entonces, 2126 correspondieron al año 2021. Esta cifra es seguida de cerca por la correspondiente al año 2022, con 1901 personas muertas en las rutas de acceso al Estado español. Los tres últimos años (5744 personas muertas) concentran más del 40% de las muertes y desapariciones de toda la serie histórica analizada en este informe.

Aporofobia: no hay lugar para los pobres

Algunos grupos de extrema derecha en todo el mundo se niegan a aceptar que la supuesta igualdad de oportunidades de la democracia liberal es apenas un pretexto para no mirar de frente el injusto sistema de reparto de la riqueza. Esta idea de igualdad se extiende como un vertido de aceite entre las personas a las que nos ha tocado estar del lado de los beneficiados; no importa en qué porcentaje lo somos, sólo necesitamos un margen, aunque sea pequeño, que nos sirva de frontera con los pobres de solemnidad. Sin embargo, en las épocas de crisis como las que estamos viviendo desde hace algunos años –que es similar a la que se vivió en los años previos a la Segunda Guerra Mundial–, ese margen se hace muy fino, y vemos cómo a nuestro alrededor son muchas las personas que son expulsadas del confort para convertirse en pobres.

Pobreza es una palabra tremenda que denuncia la injusticia del sistema. Esta es, sin embargo, una verdad que la ultraderecha rechaza, ya que entiende que la miseria sobrevenida es responsabilidad de quien la experimenta. Muchas personas que viven temerosas de «resbalar» hacia la pobreza convierten ese miedo en odio al pobre; a este se le atribuye ser vago, cómodo o subvencionado si vive en un país con Administraciones sensibles a las necesidades ciudadanas. Como bien expone la periodista Patricia Simón, todos los miedos atizados desde los discursos del odio son el caldo de cultivo perfecto para la naturalización del rechazo y la violencia hacia el otro. En su ensayo sobre la manipulación que la extrema derecha hace de los miedos, Simón constata: «El miedo a la pobreza es transversal: está alentado por el miedo horizontal, a los que vienen de fuera –una supuesta amenaza impura e imprevisible–, y por el vertical, a los de arriba, que tienen más y siempre quieren más, y a los de abajo, que querrían algo de lo que nosotros tenemos, que siempre nos resulta poco»[2]. El odio al pobre ha provocado ataques de

---

[2] Patricia Simón, *Miedo. Viaje por un mundo que se resiste a ser gobernado por el odio,* Barcelona, Debate, 2022.

bandas que, en algún momento, salen en distintas ciudades a apalear o prender fuego a las personas indigentes.

A finales de la década de 1990, Adela Cortina, profesora de Ética y Filosofía moral de la Universidad de Valencia, propuso la palabra *aporofobia* para señalar que el rechazo a la persona pobre es mucho más significativo que el rechazo a la persona extranjera a la hora de explicar ciertas conductas o delitos de odio. Cortina, directora académica de la Fundación Étnor (Ética de los Negocios y las Organizaciones) y miembro de la Real Academia de Ciencias Morales y Políticas, publicó en 2017 el ensayo *Aporofobia, el rechazo al pobre*[3]. En él plantea una reflexión imprescindible sobre uno de los problemas sociales y políticos más acuciantes de nuestro tiempo. Quienes producen verdadera fobia no son tanto los extranjeros o las gentes de una raza diferente como los pobres. Los extranjeros con medios no producen rechazo, sino todo lo contrario, porque se espera de ellos que aporten ingresos, y se les recibe con entusiasmo. Los que inspiran desprecio son las personas pobres, aquellas que parece que no pueden ofrecer nada bueno, bien sean emigrantes, bien refugiadas políticas. Cortina explica la predisposición que tenemos los seres humanos a esta fobia y propone caminos de superación a través de la educación, la eliminación de las desigualdades económicas, la promoción de una democracia que tome en serio la igualdad y el fomento de una hospitalidad cosmopolita. Aporofobia, el neologismo que da nombre al miedo, rechazo o aversión a los pobres, fue elegida palabra del año 2017 por la Fundación del Español Urgente (Fundéu).

Queremos más muros más altos, pero necesitamos que vengan

Una encuesta de YouGov, empresa pionera en este tipo de estudios en línea, muestra que el 43 % de los ciudadanos europeos apoya levantar muros en las fronteras exteriores de la UE;

---

[3] Adela Cortina, *Aporofobia, el rechazo al pobre,* Barcelona, Paidós, 2017.

otro estudio posterior (2018) preguntaba a nuestros ciudadanos sobre la política de refugiados de la Unión Europea. «¿Necesita esta un cambio? Como podemos ver, la gran mayoría de españoles (76%) cree que sí que necesita un cambio, aunque por razones totalmente distintas. Mientras que la mitad de la población cree que se debería dar más asilo a los refugiados, el 26% restante considera que es necesario endurecerla. Por otro lado, uno de cada diez encuestados están conformes con la situación actual». Esto último no sabemos si es por desconocimiento de esta situación o por mera crueldad[4].

El miedo al migrante y el terror a la interculturalidad que inocula la extrema derecha se contradicen con los datos objetivos proporcionados por el Instituto Nacional de Estadística, la Encuesta de Población Activa, los informes del Defensor del Pueblo, los estudios de los sindicatos de trabajadores o el registro del Producto Interior Bruto. Quienes analizan, datos en mano, las posibilidades de desarrollo en este país, y en Europa en general, no pueden más que considerar esperpénticas las alertas de la extrema derecha contra la invasión inmigrante. Por otro lado, todos los recursos puestos para satisfacer el desatino de pretender frenar el éxodo de los habitantes de otros países, en parte provocado por el Norte desarrollado, se han convertido en fracasos reiterados que sólo han mejorado en la crueldad de las herramientas desarrolladas con ese fin, pero no en sus resultados.

Los estudios insisten en que la baja natalidad y el consecuente envejecimiento de la población europea obligarán a sus países a abrir las puertas a una inmigración masiva antes de 2050, y gran parte de ella provendrá de África.

En suma, que la población envejecida de Europa necesita inmigrantes para mantener su nivel de vida. Y se adelanta que, para mediados de este siglo, por cada europeo habrá cinco africanos y por cada europeo de cincuenta años, tres africanos menores de edad.

---

4 [https://es.yougov.com/politics/articles/21060-politicas-de-inmigracion-el-barco-aquarius].

El proyecto estratégico «España 2050», que aspira en sus contenidos a dar una visión sistémica, con la generación de nuevos escenarios y un planteamiento prospectivo, de las tendencias globales que pueden incidir en el futuro, fue presentado en mayo de 2021 por el Gobierno español[5]. Entre otras prospecciones, aporta que una de cada tres personas tendrá más de sesenta y cinco años en 2050, lo que requerirá la llegada de al menos 255.000 inmigrantes por año para compensar el envejecimiento de la población española.

El documento, elaborado por la Oficina Nacional de Prospectiva y Estrategia de la Presidencia del Gobierno, contempla que la esperanza de vida de los nacidos en territorio español aumente en 3,8 años para los hombres y 3,1 para las mujeres de aquí a 2050, alcanzando casi los 85 y 90 años, respectivamente.

Se trata de algo que agudizará el proceso de envejecimiento demográfico sin que las otras dos fuerzas que lo determinan, la fecundidad y las migraciones, puedan revertirlo de forma suficiente, obligando a adaptar el ciclo laboral, el sistema de pensiones, el sistema sanitario y el de cuidados y dependencia.

De hecho, la previsión del saldo migratorio, de unas 191.000 personas al año, ligeramente superior al promedio observado entre 1990 y 2019, sólo ayudará en parte a mitigar el desafío demográfico en el corto y medio plazo, pero no lo resolverá por sí solo a la larga, ya que la población inmigrante también envejece y tiende a adaptar los patrones de fecundidad nacionales.

EL RESTO DE EUROPA Y EL REINO UNIDO
NO SON DISTINTOS

Para 2050 está previsto que la reducción de población activa en la Unión Europea y el Reino Unido se cuente por millones. Según datos del informe *Can Africa Help Europe Avoid Its Looming Aging Crisis?,* elaborado por el Centro para el Desarrollo

---

[5] [https://futuros.gob.es/nuestro-trabajo/espana-2050].

Global, en 2015 habrá 95 millones de personas en edad de trabajar menos que en 2015.

El documento compara las estimaciones habituales de flujos de entrada hasta 2050 con el tamaño de la brecha laboral en Europa. Según estimaciones plausibles, la situación habitual cubrirá un tercio de la brecha laboral. Esto sugiere la necesidad de un cambio urgente si Europa quiere evitar una crisis de envejecimiento. África es la fuente obvia de inmigrantes, en beneficio mutuo.

Los investigadores analizaron las proyecciones de población de las Naciones Unidas y el Instituto Internacional de Análisis de Sistemas Aplicados, junto con datos sobre los flujos migratorios internacionales. Estimaron el número total de personas que inmigrarán a Europa para 2050 y sus países de origen, así como el número de nuevos trabajadores que necesitarán los países europeos para mantener la proporción de población en edad de trabajar.

«Los europeos viven más y tienen menos hijos. Eso está reduciendo la población en edad de trabajar al igual que aumenta el número de jubilados. Es probable que eso ejerza una gran presión sobre los sistemas de bienestar y la red de seguridad social, así como un lento crecimiento económico y prosperidad para todos», dijo Charles Kenny, autor del estudio y miembro principal del Centro para el Desarrollo Global.

«Una mayor igualdad de oportunidades para las mujeres en la fuerza laboral debería ser una prioridad, y brindar a las personas la opción de prolongar su vida laboral si así lo desean es excelente. Pero ninguna de las dos servirá para llenar el vacío laboral. Y países como Alemania y Corea, que lideran la automatización, muestran que los robots no reducen la demanda general de puestos de trabajo. La migración es la única respuesta que puede cerrar la brecha», dijo Kenny.

Europa tiene «una ventaja significativa», escriben los investigadores: la proximidad a África. Las proyecciones indican que el continente duplicará su población en edad de trabajar a 1300 millones para 2050. Sin embargo, se espera que los inmigrantes de países africanos apenas representen un pequeño porcentaje de la brecha de trabajadores de Europa, según los investigadores.

Calculan que solo el 4 por ciento del *boom* de trabajadores de África migrará a cualquier país de altos ingresos para trabajar en 2050, y sólo 1 de cada 4 migrantes a la UE o el Reino Unido será de África.

«África tiene un número creciente de jóvenes con el impulso y la educación para prosperar en Europa, pero muy pocas oportunidades en casa. Europa tiene muy poca gente para aceptar los trabajos necesarios. Es un ajuste natural, y la evidencia es clara de que la migración puede beneficiar a todos: los migrantes, los países a los que van e incluso los países de donde provienen. Pero para que eso suceda y evitar un desastre demográfico, Bruselas y Londres tendrán que despertar a la verdadera crisis migratoria: que no hay suficientes migrantes», dijo Kenny[6].

«UNA FUERZA PODEROSA PARA GENERAR PROSPERIDAD Y DESARROLLO»

La migración «puede ser una fuerza poderosa para generar prosperidad y desarrollo», pues «cuando se gestiona adecuadamente proporciona beneficios para todas las personas, tanto en las sociedades de origen como de destino», dijo el director gerente sénior del Grupo Banco Mundial, Axel van Trotsenburg, en la presentación del «Informe sobre el desarrollo mundial 2023: migrantes, refugiados y sociedades», que indica que las poblaciones de todo el mundo están envejeciendo a un ritmo sin precedentes, lo que hace que muchos países dependan cada vez más de la migración para hacer realidad su potencial de crecimiento a largo plazo[7].

Esa tendencia se identifica como «una oportunidad única para hacer que la migración ayude más a las economías y a las personas», señala el documento.

---

[6] [https://www.cgdev.org/publication/can-africa-help-europe-avoid-looming-aging-crisis].

[7] [https://www.worldbank.org/en/publication/wdr2023].

Los países ricos, así como un número creciente de países de ingreso mediano –tradicionalmente, una de las principales fuentes de migrantes–, se enfrentan a una disminución de la población, lo que intensifica la competencia mundial por los trabajadores y el talento.

Mientras tanto, se prevé que la mayoría de los países de ingreso bajo tendrá un rápido crecimiento demográfico, lo que constituye una presión para crear más empleos para los jóvenes. En las próximas décadas, la proporción de adultos en edad laboral disminuirá marcadamente en muchos países. En España, que tiene una población de 47 millones, este porcentaje se reducirá en más de un tercio para 2100 y la cantidad de mayores de sesenta y cinco años aumentará del 20 al 39%.

Países como México, Tailandia, Túnez y Turquía pronto necesitarán más trabajadores extranjeros porque su población ha dejado de crecer. Más allá de este cambio demográfico, también están cambiando las fuerzas que impulsan la migración, lo que hace que los movimientos transfronterizos sean más diversos y complejos.

Según el análisis del banco, los enfoques actuales no sólo no logran maximizar los posibles avances de desarrollo derivados de la migración, sino que también causan un gran sufrimiento a las personas que se trasladan en condiciones desfavorables.

Señala que el 2,5% de la población mundial –184 millones de personas, incluidos 37 millones de refugiados– ahora vive fuera de su país de nacionalidad. La mayor parte, 43%, se encuentra en países en desarrollo.

La Organización Internacional para las Migraciones (OIM) había estimado en 2020 que hasta 281 millones de personas vivían en un país distinto de su país natal, y la Agencia de las Naciones Unidas para los Refugiados (Acnur) indicó en 2022 que había 32 millones de refugiados y solicitantes de asilo en el mundo.

El informe del Banco Mundial subraya la urgencia de gestionar mejor la migración y señala que el objetivo para los responsables de formular políticas debe ser fortalecer la correspondencia entre las habilidades de los migrantes y la demanda en las sociedades de destino.

En el informe se presenta un marco para que las autoridades hagan realidad este modelo, «un marco simple pero efectivo para contribuir a la formulación de políticas de migración y de refugiados», dijo Indermit Gill, economista en jefe del Grupo Banco Mundial y vicepresidente sénior de Economía del Desarrollo.

«Nos indica en qué casos los países de destino pueden adoptar esas políticas unilateralmente, cuándo es más adecuado que lo hagan plurilateralmente los países de destino, de tránsito y de origen, y cuándo deben considerarse una responsabilidad multilateral», expuso Gill.

Por su lado, según el banco, los países de origen deben hacer de la migración laboral una parte explícita de su estrategia de desarrollo.

Los países de destino deben alentar la migración cuando las habilidades que aportan los migrantes sean muy requeridas, facilitar su inclusión y abordar los impactos sociales que generan inquietud en sus ciudadanos.

Asimismo, necesitan permitir que los refugiados se trasladen, consigan empleo y accedan a los servicios nacionales que estén disponibles.

Finalmente, dice el informe que la cooperación internacional es esencial para «transformar la migración en una potente fuerza que contribuya al desarrollo», y se requieren esfuerzos multilaterales para distribuir los costos de recibir refugiados y abordar los casos de migración desfavorable.

Las investigaciones de los expertos del Banco Mundial se desarrollan desde una perspectiva economicista. Su intención es salvar el mercado y por ello su falta de sentido es total y sólo amparada en una visión distorsionada de la humanidad y sus valores.

2000 KILÓMETROS DE VALLAS ENCIERRAN A LOS PAÍSES DE LA UNIÓN EUROPEA

El Banco Mundial acompaña sus informes con unos *mensajes principales* que, como sus expertos anuncian, están destinados a hacer cierta una realidad deseable y necesaria, pero cuya aplicación en Europa está varada en la intransigencia de la Administración italiana liderada por Giorgia Meloni, entre otros que frustran esos intentos.

El informe «Los muros de Europa» –una investigación en la que han participado la Fundación porCausa, We are Solomon, Outriders, Baynana y *El Confidencial*– señala que «el número creciente de muros no ha conseguido que la gente deje de moverse, pero sí ha vuelto más violentos estos viajes».

Tras las divisiones internas y el ascenso de la ultraderecha en las encuestas fruto de la acogida de refugiados durante la crisis de 2015, la práctica totalidad de los Gobiernos de la Unión Europea abrazaron, de manera directa o indirecta, la construcción de vallas para poner freno a la llegada de inmigrantes y solicitantes de asilo. España fue una pionera en la securitización de las fronteras, cercando por completo las ciudades de Ceuta y Melilla, en la costa africana, durante la década de 1990.

En 2014, el espacio Schengen contaba con 315 kilómetros de muros y vallas fronterizas; en 2023 se encuentra rodeado o atravesado por 19 de estas estructuras, que suman más de 2000 kilómetros de longitud y están equipadas con una creciente variedad de sistemas de detección, como cámaras, drones, sensores de movimiento y torres de vigilancia.

Los nuevos muros de la «fortaleza europea» no sólo han afectado a quienes desean cruzarlos. A lo largo de estas líneas divisorias se acumulan los problemas para la economía, el ecosistema y los habitantes de las poblaciones fronterizas, cuyas quejas a menudo quedan eclipsadas por la batalla de narrativas opuestas centradas en la «amenaza migratoria» o el sufrimiento de los refugiados. Mientras tanto, los bolsillos de los traficantes de personas, un oficio ilícito cada vez más rentable, no han parado de llenarse.

España, otrora tierra de emigrantes, se convirtió en un país de tránsito y destino para los flujos migratorios cuando se unió a la Unión Europea. Una de las primeras reacciones del Gobierno español fue la de poner una valla en Ceuta y Melilla. Las dos únicas ciudades europeas en África[8].

---

8 [https://www.elconfidencial.com/mundo/2023-11-29/europa-muros-migratorios_3783210/].

CAPÍTULO VI

LOS FEMINISMOS, LA BESTIA PARDA DE LA EXTREMA DERECHA

En *La asamblea de las mujeres* de Aristófanes se muestran los horrores comunes a todas las guerras y, sin embargo, cómo ante las muertes de los jóvenes y la desolación de los campos los patriotas de Atenas sólo piensan en seguir luchando. En esta historia, la ateniense Praxágora argumenta ante sus amigas y conciudadanas que sus padres y maridos las están llevando a la destrucción, y las convence de que hay que despojarlos del poder para ejercerlo ellas. Recurriendo a una estratagema, lo consiguen e inauguran una nueva democracia que asegura alimentos, casa y cuidados a la ciudadanía y en la que se decreta el fin de la monogamia en clave patriarcal y de la propiedad privada.

En *Lisístrata*, del mismo Aristófanes, la protagonista (cuyo nombre significa «la que disuelve el ejército») une a las mujeres de Esparta y Atenas, e inicia un motín para que nieguen a sus maridos el favor de sus cuerpos si estos no dejan de guerrear entre ellos. Las mujeres se refugian en la Acrópolis y desde allí resisten el asedio de sus maridos, que, hartos de la abstinencia sexual, abandonan las armas. Pero las mujeres de esta historia no aceptan cualquier paz. Imponen una reconciliación entre ambos pueblos que conlleva la disolución de los ejércitos y el compromiso de que nunca más se alzarán las armas.

El asedio de la ciudad de Tebas es el escenario de la *Antígona* de Sófocles. Los hermanos de la protagonista (Eteocles y Polinices) militan en distintos bandos y se enfrentan en un duelo que resultará mortal para ambos. Eteocles ha sido fiel a Tebas y la ciudad se dispone a inhumarlo dentro de sus murallas, mientras que Polinices quedará insepulto fuera de ella como traidor a su pueblo. Antígona se vuelca en defensa de la memoria del hermano castigado por la ley de Tebas que aplica Creonte, su rey.

Ella argumenta que por encima de lo que manden las leyes hay un mandato divino de misericordia al muerto y se ocupa de darle sepultura con los ritos necesarios para salvar su alma. Es condenada a ser enterrada viva, pero lo evita dándose muerte en su celda.

FÉMINAS, UNA REBELDÍA ANCESTRAL

Estas tres obras de la cultura helena tienen como protagonistas a mujeres que plantean los enfrentamientos de las esposas, madres y hermanas contra sociedades cuyas normas han sido construidas por hombres y que condenan a la ciudadanía a prácticas tan crueles como la guerra, a consecuencias tan tremendas como el hambre o al desprecio del dolor de quien quiere dignificar la muerte de un ser amado. Cada una de ellas lucha por una ética con la que se prime el entendimiento sobre la imposición, que valore la búsqueda de la paz antes que los principios supuestamente inmutables de la patria, que coloque el amor sobre las normas que se rigen por la crueldad. Que estos autores griegos hayan optado por que sean las mujeres quienes libren estas batallas reivindicativas no es pura casualidad; en la base de muchas culturas está el reconocimiento de la empatía, los cuidados y el rechazo a la crueldad como valores asociados al poder (que no debilidad) de la feminidad.

En esos valores siempre atribuidos a las mujeres, aunque no necesariamente sentidos por todas ellas ni rechazados por todos los hombres, se asientan las razones profundas de por qué el feminismo profundo despierta las mayores reacciones en la extrema derecha. El nazismo, tanto como el fascismo, basó sus criterios sociales en elementos pueriles, meramente iconográficos, vacíos de humanismo pero profundamente peligrosos por la exaltación de la crueldad que encerraban. Expresiones decorativas todavía al uso en la actualidad como «la vida por la patria», o la exaltación de gestas bélicas donde, a lo largo de los siglos y aún hoy, se sacrifican seres humanos en aras de intereses mezquinos tanto en sus intenciones como en sus formulaciones, o el tremendo «viva la muerte» permiten vislumbrar que las respuestas a sus disparates históricos están en el feminismo, un feminismo profundo y elevado que es mucho más que la defensa de los derechos de las mujeres –que también es imprescindible– y que avanza hacia la modificación de las raíces de nuestra sociedad.

LA NEGACIÓN COMO ARMA CONTRA LA VIOLENCIA DE GÉNERO

No debemos perderlo de vista, aunque lo inmediato es centrarnos en contrarrestar las ofensivas de la extrema derecha, que niega la realidad de la violencia de género y que alienta la lgtbifobia. Aunque estas lacras sean evidentes para muchas personas, no hay atisbos de que disminuya la violencia que generan a escala social. Al contrario. A las mentiras de la derecha ultramontana se suma la desidia de los medios de comunicación, que, a pesar de todas las recomendaciones del propio sector periodístico y de las organizaciones que velan por los derechos humanos, continúan dando voz a los negacionistas de esta violencia. Esta acción irresponsable está calando en algunos colectivos, sobre todo entre los jóvenes. Un estudio del Centro Reina Sofía sobre Adolescencia y Juventud, publicado en diciembre de 2021, titulaba «Crece el porcentaje de chicos jóvenes (15 a 29 años) que niega la violencia de género o le resta importancia»[1].

Entre sus resultados, este estudio señala que el 20% de estos jóvenes niegan que exista esta violencia y creen que se trata de «un invento ideológico»; quienes pensaban así en 2019 era solo el 12%. Asimismo, ha comprobado que, mientras siete de cada diez mujeres de esta franja de edad consideran que las desigualdades de género son elevadas en España, sólo cuatro de cada diez hombres piensan lo mismo. Más grave aún es que uno de cada diez chicos considere que esas desigualdades no existen.

---

[1] [https://www.adolescenciayjuventud.org/nota-prensa/crece-el-porcentaje-de-chicos-jovenes-15-a-29-anos-que-niega-la-violencia-de-genero-o-le-resta-importancia/].

Esta parte del estudio no sólo nos señala alguna involución, sino que gran parte de las patologías machistas que aspiramos a superar continúan anidadas en las nuevas generaciones. El 18,1% de los jóvenes opinan que es normal mirar el móvil de la pareja, frente al 12,7% de ellas. Asimismo, tres de cada diez chicos consideran que una pareja necesariamente limita la libertad personal, y el 28% de ellos y el 15% de ellas consideran que los celos son una «prueba de amor». También ha aumentado la opinión de que la violencia contra la pareja es inevitable, que es habitual y que, si es de poca intensidad, no supone un problema. A pesar de estos datos, o quizá por la presencia preocupante de esta realidad, desde el mismo estudio se comprobó que de 2017 a 2021 las mujeres que se consideran feministas han pasado del 46,1 al 67,1%, y lo más interesante es que los hombres feministas en ese mismo periodo han pasado del 23,6 al 32,8%. Muchas veces nos hemos preguntado cómo se puede negar esta realidad contrastada y también a qué se debe ese afán de la extrema derecha por denigrar las luchas feministas.

Cómo acabar con las brujas feministas

Sarah Babiker, responsable de información internacional de *El Salto*, decía recientemente: «La extrema derecha nos pone a las mujeres y a los feminismos como antagonistas. Creo que es un enemigo suculento para la extrema derecha porque justamente los feminismos señalan esas estructuras que la ultraderecha pretende invisibilizar, naturalizando la desigualdad y blindando los privilegios. Quieren que parezca que las cosas son así porque es inevitable».

Sin embargo, y contrariamente a esas ansias de la ultraderecha por denigrar el movimiento feminista, la historia avanza en sentido opuesto. La progresión del feminismo es imposible de detener, no tanto por las reivindicaciones de las mujeres[2] –sin

---

[2] [https://www.adolescenciayjuventud.org/nota-prensa/crece-el-porcentaje-de-chicos-jovenes-15-a-29-anos-que-niega-la-violencia-de-genero-o-le-resta-importancia/].

duda necesarias–, sino sobre todo porque estas reivindicaciones llevan a un cambio mundial de las convivencias. Muchas veces la trascendencia de este cambio escapa a la visión del propio movimiento feminista por las urgencias de los objetivos inmediatos y porque el feminismo se retroalimenta con reivindicaciones a una velocidad que abre frentes que la derecha se alegra de definir como grietas entre sus propias militantes. Algunas de ellas no solamente pierden el paso ante esa aceleración, sino que dan un paso atrás que las traslada a las mismísimas filas del conservadurismo clásico.

En España, históricas militantes feministas se pronuncian ante lo que perciben como un cuestionamiento de su autoridad y se alinean con la derecha en su proclama reaccionaria contra la reforma de la ley sobre el consentimiento o para negar que haya que reconocer los derechos de las personas trans. Algunas de quienes abrieron vía en la lucha por la igualdad de género abrazan hoy narrativas negacionistas, punitivistas o abolicionistas ante lo que consideran un ataque a los privilegios adquiridos por las mujeres, y se alejan de los valores del feminismo más poderosos y por ello más temidos por la extrema derecha: la defenestración de la crueldad como valor social y la empatía en la interpretación de las relaciones sociales en toda su diversidad.

Estos valores prometen hacer verdad la trilogía *libertad, igualdad, fraternidad,* latente en la sociedad occidental desde 1789, pero nunca plasmada a través de la visión patriarcal de la sociedad, que con su secular *gatopardismo* ha ido cambiando la epidermis pero sin llegar al *core* social. Sería difícil afirmar que la extrema derecha teme el poder del movimiento feminista. Sin embargo, por su insistencia en fagocitar feministas contrariadas y en desautorizar a los feminismos que ganan el pulso en la calle, no deja de percibir que todos los mitos construidos por el patriarcado a lo largo de siglos se están desmoronando.

En muchos lugares del mundo el aborto no está regulado con visión femenina. Persiste la represión de la capacidad de decidir sobre el propio cuerpo y los legisladores no se atreven a hacerle frente. Está ampliamente demostrado que esta represión no impide los abortos. Para la población adinerada existe el recurso de acudir a clínicas privadas de algún país permisivo, mientras que las mujeres pobres recurren a procedimientos clandestinos y poco o nada seguros. «Normalmente no se ejercitan con todas las garantías médicas de calidad, bajo supervisión de profesionales, y ahí se pone en riesgo la vida de las mujeres y de las personas gestantes», señalaba Almudena Rodríguez, responsable de incidencia política de la ONG catalana Associació pels Drets Sexuals i Reproductius.

Esto es tan así que uno de los informes de la Organización Mundial de la Salud (OMS) señala que, «en todo el mundo, siete millones de mujeres terminan hospitalizadas por este tipo de abortos». La misma OMS aporta que en América Latina las tres cuartas partes de todas las interrupciones voluntarias del embarazo son de alto riesgo, y agrega que el 10% de las muertes maternas en la región son culpa de estas prácticas. Son datos que no por conocidos resultan menos escalofriantes; por ello no es extraño que en todos los países el movimiento feminista haya hecho de la regulación del aborto una de sus principales reivindicaciones y haya avanzado hacia ese objetivo.

Vayamos a España. En los meses anteriores a la reforma de la Ley del Aborto (que entró en vigor el 2 de marzo de 2023), más de 260 carteles aparecieron en 33 ciudades con el lema «Rezar frente a una clínica abortista está genial». Consignas como esta fueron colocadas en paradas de metro, marquesinas y otros soportes publicitarios. La campaña, que algunos ayuntamientos decidieron retirar, fue desplegada por la Asociación Católica de Propagandistas (AcdP) como defensa de un supuesto derecho a interpelar a las mujeres gestantes a las puertas de clínicas que facilitan el aborto voluntario y, al mismo tiempo, como ataque a la mencionada reforma de la Ley del Aborto que estaba preparando el Ministerio de Igualdad del Gobierno español.

Esta campaña antiaborto se lanzó en España de forma inmediata a la aprobación del aborto libre en 2010 y se amplió con la lucha contra los derechos LGTBI+. Ambos frentes contaron con una fuerte financiación proveniente de colectivos internacionales organizados y que cuentan con aliados de peso en el seno de la Unión Europea, donde intentan influir políticamente. Un reciente informe del Foro Parlamentario Europeo sobre Derechos Sexuales y Reproductivos (EPF) afirma que el dinero que mueven estos grupos se ha cuadruplicado en diez años.

LA DESTRUCCIÓN DEL FEMINISMO ES CLAVE PARA UNA SOCIEDAD ULTRACONSERVADORA

Decíamos que es preciso identificar las razones reales profundas por las cuales la ultraderecha tiene al feminismo como su monstruo de cabecera. La razón es que este movimiento es el único que tiene capacidad de derrotarlo desde sus raíces porque va contra todas las bases que sustentan una sociedad patriarcal que tiene sus fundamentos en el ejercicio impune de la crueldad tanto en la esfera pública como en la privada. Se trata de una crueldad sublimada por fórmulas tan dispares como patria, triunfo, competitividad, éxito o todos aquellos supuestos atributos sociales de los cuales los varones han sido poseedores seculares y que los han convertido en victimarios de un *sexo débil* al cual, por alguna supuesta decisión divina inmutable, no había por qué exigir lo que no estaba capacitado para ejercer.

Para nuestra desdicha, muchas mujeres cayeron en la trampa de imitar a los varones para sobrevivir en esa sociedad diseñada por y para hombres y adoptaron muchos de sus estereotipos, hasta criaron a sus hijos –niños y niñas– a medida para esa sociedad. Si el feminismo del siglo XXI sólo reivindicara la libertad de las mujeres para decidir sus destinos, o la igualdad laboral, o más participación en las esferas donde se deciden los destinos sociales, o una actitud frontal ante las violencias machistas, es muy posible que parte de la ultraderecha lo percibiera como una propuesta meramente política que se podría tolerar y/o negociar y que se puede satisfacer con la aprobación de nuevas leyes acordes con los derechos humanos, como ha sido, aunque lentamente, hasta ahora.

Sin embargo, este feminismo no puede ser satisfecho con esas reivindicaciones, muchas de las cuales ya se planteaban a finales del siglo XIX y eran las pancartas del primer activismo feminista. Aunque según en qué partes del planeta muchas de ellas aún no hayan sido satisfechas, no debemos dejar de verlas como lo que seguirán siendo: la lucha por la totalidad de los derechos postergados de las mujeres. El feminismo de este siglo ampara también a los congéneres varones y la lucha por la superación de las diferencias de clase a través de la igualdad, y lo mismo aspira con respecto a las etnias o reclamando el trato justo y humano de la infancia y de la vejez, y apartando el sexismo de las manifestaciones de afecto.

Como expresa la activista de los derechos humanos Francia Márquez: «El feminismo es para las mujeres y para los hombres. Necesitamos nuevos modelos de masculinidad feminista, de familia y de crianza feminista, de belleza y de sexualidad feminista. Necesitamos un feminismo renovado que explique con palabras sencillas que pretendemos superar el sexismo y colocar el apoyo mutuo en el centro. Eso es el feminismo». La extrema derecha siente por este feminismo del siglo XXI mucho más miedo que por cualquiera de las «hordas rojas» del pasado, porque sabe que este feminismo nos devuelve el mito de Antígona y su empeño de terminar con la cultura de la violencia, el odio y la crueldad.

EL SEXO DE LOS DEMONIOS

¡Qué bien íbamos cuando, en cuestión de sexualidades, sólo cabía hablar de ángeles! Los hombres con su barba y su vara, las mujeres con su aura de virtuosa virgen o casta ama de casa, los ángeles en el cielo y los demonios quemándose en el infierno.

Era bien sencillito de aprender y de acatar. La Real Academia Española de la Lengua se mantiene en sus trece: la lengua no está por la labor de romper las estructuras mentales (ni mucho menos sociales) y las palabras con desinencia neutra para referirse al género no binario se las inventó el diablo. Hay miles de argumentos avalados por esta academia, por la Iglesia o por la pseudociencia para mantener la cruzada para la salvaguarda de las leyes de la naturaleza. El sexo y las sexualidades son para someter a la gente a las normas heteropatriarcales, no para empoderarla. Para algo se quemaron, confinaron o reeducaron en su momento todas las brujas, desviadas, maricas y malas mujeres, que ya se sabe que quien mal anda, mal acaba[3].

La sexualidad es uno de los escenarios donde la ultraderecha sitúa su estrategia para marcar la agenda de los debates ciudadanos al apelar a la amnesia de gran parte de la población sobre los derechos adquiridos, que fueron aprobados en su momento por amplios consensos y sobre los cuales no cabe ya debate alguno. De la misma manera, pretende desconocer o negar los adelantos científicos y en los conocimientos que han permitido a los seres humanos desde el siglo pasado desprenderse de prejuicios e incorporar esos conocimientos para mejorar la convivencia y permitir avanzar hacia una sociedad tan sana en la concordia como libre en la sexualidad.

La extrema derecha sabe o presiente que tiene perdida la batalla contra las bases ideológicas del feminismo, salvo en las filas ultramontanas de la religión ortodoxa. No obstante, no está dispuesta a tolerar que el feminismo apele a otras identidades y roles de género que cuestionen la militancia de una masculinidad que incluye la hombría como ese plus que se debe cumplir por un mero azar cromosómico y que conlleva una serie de implicaciones degradantes de su humanidad. La propaganda negacionista suele conseguir que una parte de la ciudadanía democrática (pero escasamente informada o fuertemente desme-

---

3 Marta García Carbonell y María Palau Galdón, *Indignas hijas de su patria. Crónicas del Patronato de Protección a la Mujer en el País Valencià,* Valencia, Institució Alfons el Magnànim, 2023.

moriada) caiga en la trampa de no reconocer por dónde han sido superados estos debates. Esta ignorancia obsecuente, que es burda estrategia perversa, genera odio y violencia hacia las personas y colectivos que se etiquetan como «diferentes».

CAPÍTULO VII

LA ULTRADERECHA, SU AMNESIA HISTÓRICA
Y LA COLECTIVIDAD LGTBIQ †

Las siglas LGTBIQ+ son para la utraderecha el identificador de uno de los movimientos sociales que ellos perciben como una grave amenaza para los valores del sexo reglado. Su estrategia de designar como enfermedad toda identidad y expresión sexual que no encaje con la heterosexualidad normativa ha derivado como solución al «problema». Estas supuestas terapias son procedimientos pseudocientíficos utilizados con la intención de modificar la orientación sexual o la identidad de género de las personas LGTBIQ con la finalidad de conformar su comportamiento a la norma heterosexual. Estas propuestas antojadizas han ido de la mano de iniciativas provenientes de instituciones religiosas, para las cuales la homosexualidad, la transexualidad o la bisexualidad son patologías que precisan de tratamiento correctivo[1]. En España, el debate previo a la aprobación de la denominada «Ley Trans», en 2023[2], recaló en una serie de discusiones al respecto. Más que destacar aquí las declaraciones surgidas del partido Vox en ese contexto (y que todos los medios de comunicación ya en su momento reprodujeron), interesa subrayar el esfuerzo que también se generó a fin de ofrecer información con garantías de rigor y con ánimo de situar el problema no en la discusión sobre si cabe o no hablar de desviaciones sexuales, sino en la violencia institucional, social, física y psicológica que se inflige a la libertad de expresar una identidad de género desobediente o una orientación sexual fuera de la norma.

---

[1] [https://www.ohchr.org/sites/default/files/ConversionTherapyReport_SP.pdf].

[2] Ley 4/2023, de 28 de febrero, para la igualdad real y efectiva de las personas trans y para la garantía de los derechos de las personas LGTBI [https://www.boe.es/eli/es/l/2023/02/28/4/con].

Buen ejemplo de ello fue el libro publicado en 2022 por Saúl Castro, donde el autor examina la forma en que la violencia contra el colectivo LGTBIQ+ se organiza y se ejerce, excediendo los límites de una sociedad de derecho. Su trabajo aporta una valiosa base para la denuncia de la escasa atención jurídica que este tema había obtenido hasta el momento en un país como España[3].

La lgtbifobia no es una fobia más

Sin duda, la Ley Trans de España asienta las bases para dejar atrás los debates inoportunos (por anacrónicos y por interesados) que generaron las terapias de conversión, ya que en su artículo 17 de la sección segunda establece lo siguiente: «Se prohíbe la práctica de métodos, programas y terapias de aversión, conversión o contracondicionamiento, en cualquier forma, destinados a modificar la orientación o identidad sexual o la expresión de género de las personas, incluso si cuentan con el consentimiento de la persona interesada o de su representante legal».

No obstante, la aplicación de la ley va a requerir una alta dosis de energía para la «puesta al día» tanto de los estamentos jurídicos (que hasta ahora no veían violencia alguna en la consideración de que lo que no era heteronormativo era una desviación) como de una opinión pública poco proclive a medir las injusticias ante temas (como el de la sexualidad de las personas) donde el sensacionalismo y los prejuicios ganan de largo el pulso al rigor informativo.

En el ámbito internacional, el caso español se suma al de países vecinos donde se ha legislado con base en la voluntad política de prohibir las terapias de conversión. Se comparte el contexto de escalada de los debates en los que la expresión de la sexualidad se utiliza como problema en lugar de ser defendida como un derecho. En el año 2022, Francia también había tipificado las

---

[3] Saúl Castro, *Ni enfermos ni pecadores. La violencia silenciada de las «terapias de conversión» en España,* Barcelona, Ediciones B, 2022.

terapias de conversión sexual como delito penal. «Estas prácticas indignas no tienen cabida en la República. Porque ser uno mismo no es un delito y porque no hay nada que curar», formuló el presidente Emmanuel Macron en su cuenta de Twitter (actualmente X) tras las críticas recibidas por la aprobación de esa ley.

Reabrir el debate con temas como las terapias de conversión supone un verdadero triunfo de los partidos de extrema derecha en las democracias contemporáneas, ya que sobre este asunto no debería haber nada que debatir. Situarlo en el centro de la agenda implica una incesante inversión de esfuerzo para justificar lo que es obvio y sobradamente probado. Ya en 1973, la Asociación Americana de Psiquiatría (APA) había decidido eliminar la homosexualidad del *Manual de diagnóstico de los trastornos mentales* (DSM) e instado a rechazar toda legislación discriminatoria contra gays y lesbianas.

CONTRA LAS AFIRMACIONES ACIENTÍFICAS Y ANACRÓNICAS

La Asociación Mundial de Psiquiatría (World Psichiatric Association, WPA), por su parte, ha formulado una declaración sobre identidad de género y orientación, atracción y comportamientos hacia personas del mismo sexo en la cual formula que «no existe evidencia científica sólida de que se pueda cambiar la orientación sexual innata. Además, los llamados tratamientos de la homosexualidad pueden crear un entorno en el que florezcan los prejuicios y la discriminación, y pueden ser potencialmente dañinos. La provisión de cualquier intervención que pretenda "tratar" algo que no es un trastorno, es totalmente poco ético». Y sostiene que «las personas lesbianas, gays, bisexuales y transgénero son y deben ser consideradas miembros valiosos de la sociedad, que tienen exactamente los mismos derechos y responsabilidades que todos los demás ciudadanos. Esto incluye la igualdad de acceso a la atención médica y los derechos y responsabilidades que conlleva vivir en una sociedad civilizada».

En el mismo documento, la WPA «reconoce la universalidad de la expresión entre personas del mismo sexo en todas las culturas. Sostiene la posición de que una orientación sexual hacia personas del mismo sexo, por sí misma, no implica una disfunción psicológica objetiva o un deterioro en el juicio, la estabilidad o las capacidades vocacionales».

El 17 de mayo de 1990, la Organización Mundial de la Salud (OMS) excluyó la homosexualidad de la *Clasificación Estadística Internacional de Enfermedades y otros Problemas de Salud*. Ambas decisiones de estos organismos internacionales se basaron en una completa revisión de los estudios científicos existentes.

Llenar páginas y páginas con las evidencias de lo que ya ha adquirido estatus de sentido común en las prácticas sociales ante las respuestas de quienes generan torpes estrategias de negarlas casi carece de sentido. Necesitamos, más que seguir en el plano de las teorías parafraseando la enésima declaración sobre la identidad de género basada en estudios científicos, recuperar con insistencia la voz, la presencia y las acciones de las personas que nos recuerdan (a pesar de todas las violencias y los infiernos infligidos) que el reconocimiento de la sexualidad y sus múltiples expresiones es una poderosa arma de emancipación, libertad y respeto.

Desde aquí recomendamos encarecidamente la consulta y lectura de tantas declaraciones por los derechos de las personas como tengamos a mano, pero también apelamos a los conocimientos que nos brindan congéneres que nos dan cuenta de todo el saber y la razón que no sólo no consumieron las llamas de la hoguera, sino que forman parte de la sociedad que queremos.

Nada está ganado de forma definitiva

Del mismo modo que antes nos referíamos al contexto global en el que se intenta poner freno a la vulneración de los derechos humanos en temas de identidad de género y orientación sexual, debemos también recordar que son varios los países en los que se han dado pasos atrás. Por ejemplo, en febrero de 2022 miles de senegaleses se manifestaban en Dakar para pedir una mayor criminalización de las parejas del mismo sexo. La homosexualidad es considerada delito en Senegal y se castiga con penas de uno a cinco años de prisión y multas de más de dos mil euros. Estas manifestaciones son impulsadas por el Colectivo Ànd Sàmm Jikko Yi (ASJ), integrado por asociaciones islámicas. En la actualidad son 68 los países donde las relaciones entre personas del mismo sexo aún están criminalizadas y 47 los países miembros de la ONU que no reconocen la identidad de género de las personas trans. Estos auténticos atrasos, que la extrema derecha ve como ejemplos a seguir, están en las razones que inducen a muchas personas a emigrar de esos países al no poder expresar sus sentimientos con libertad.

En conclusión, vemos que, aunque la tendencia social vaya en el sentido de un mayor reconocimiento de las libertades sexuales, todavía queda mucho por legislar, ya que son muy pocos los países en los que están expresamente prohibidos los supuestos tratamientos para «curar» las identidades de género que se apartan de la heteronorma. En junio de 2023, el Parlamento de Hungría, gobernado por la extrema derecha, legisló para eliminar de las escuelas públicas toda enseñanza relacionada con «la homosexualidad y el cambio de género», asociándolos de forma absurda con la pedofilia y vinculándolos a una supuesta política cultural totalitaria.

Un mes antes, los diputados daneses habían aprobado una resolución contra el «excesivo activismo» de quienes dentro de la investigación académica se dedican a los estudios de género, a los estudios poscoloniales y a la migración. Además de ser muy baja la proporción de países que han prohibido las terapias de conversión, tenemos que la aplicación de las leyes no es común en todos los territorios.

POR QUÉ DICEN SEXO CUANDO QUIEREN DECIR POLÍTICA

Una de las formas más vulgares y menos ilustradas de manifestar el rechazo a las personas que no encajan con el modelo cisgénero es presentarlas como peligrosas para la convivencia social bajo supuestos tan peregrinos como que tienen una tendencia y/o capacidad para inducir a otras personas a adquirir su misma tendencia sexual. Esto sería simplemente un desatino de la ignorancia si tras esa necedad no se hallara la intención de estigmatizar a esas personas, cosificarlas y, por lo mismo, prepararlas para ser apartadas de la sociedad e incluso eliminarlas, como ya ha ocurrido en momentos nefastos de nuestra historia.

Por lo mismo, no resulta sorprendente que personas e instituciones que trabajan por la prevalencia de los derechos humanos hayan reaccionado ante el avance de la LGTBIfobia y se hayan negado a ser cómplices mudos de las intenciones de quienes están detrás. La organización humanitaria Amnistía Internacional es un movimiento mundial que desde hace decenios trabaja por la promoción y defensa de los derechos reconocidos en la Declaración Universal de los Derechos Humanos y en otros tratados internacionales como los Pactos Internacionales de Derechos Humanos.

Como parte de ese trabajo y con oportunidad de la conmemoración en 2022 del Día Internacional contra la Homofobia, la Transfobia y la Bifobia, la organización lanzaba públicamente la siguiente pregunta: «¿Por qué amar sigue siendo un delito en muchas partes del mundo?». Como respuesta, instó al reconocimiento de los derechos de las personas que se expresan desde distintas identidades de género y orientaciones sexuales ante las violencias a las que se les somete[4].

Hablar de ello como un tema que se extiende a escala mundial no debería restar fuerza a nuestra capacidad de actuar ante la LGTBIfobia como personas afectadas. Tenemos leyes y herramientas que amparan los derechos de cualquier persona a no ser blanco de violencia. Nos falta, quizá, saber que tenemos esos recursos al alcance, así como contar con que ese alcance sea eficaz y esté al servicio de los fines de una sociedad democrática e igualitaria. Por eso es tan importante conocer bien el tipo de violencias a las que estamos expuestas cuando, por ejemplo, un

---

[4] [https://www.amnesty.org/es/what-we-do/discrimination/lgbti-rights/].

medio de comunicación difunde expresiones de odio hacia una persona por su identidad de género u orientación sexual. Puede que encontremos que los mecanismos para denunciar esas prácticas son disuasoriamente burocratizantes y distantes, bien sea a través de la vía penal, bien a través de los canales institucionales que se dispongan mediante la figura del defensor o defensora del pueblo, bien a través de organismos reguladores del contenido de los medios como los que existen en Cataluña o Andalucía. Puede que no se nos ocurra acercarnos a las asociaciones y entidades que defienden derechos colectivos para descubrir que tienen protocolos de denuncia. Puede que seamos escépticas en relación al grado de aplicación de las leyes por parte de nuestro lento sistema de justicia. Pero lo que no podemos es pensar que el freno y el retroceso que aplica la extrema derecha a la expresión de la sexualidad se deba al hecho de que se trate de un tema de agenda privada y moral más que de agenda pública y política.

LA REPRESIÓN ENQUISTADA SE REGODEA EN LA CRUELDAD

Uno de los engaños «ingenuos» de quienes coquetean con las propuestas de la ultraderecha y que esta anuncia que aplicará de inmediato si llegan a gobernarnos, es decir «no será para tanto» o «lo dicen, pero no lo podrán hacer».

Tras las elecciones autonómicas españoles de 2023, muchas Administraciones locales han quedado en manos del Partido Popular, que, para alcanzar la mayoría necesaria para gobernar, ha tenido que hacer concesiones a la ultraderecha. En la misma línea que el resto de los partidos conservadores europeos y latinoamericanos, estas alianzas están demostrando que el peligro de los nuevos ultras para las libertades es real.

Las amenazas de retrocesos democráticos que el partido de la ultraderecha española anunciaba de aplicación inmediata si llegaba a gobernar, se están concretando. Más allá de las censuras a las manifestaciones culturales o a la libertad de expresión, se han producido importantes ataques a los derechos humanos, que se han manifestado con particular rigor sobre el colectivo LGTBIQ+. Quizá sea de las más graves la ya mencionada reforma de las leyes trans que regían en la Comunidad de Madrid desde 2016.

Para la ultraderecha y las Iglesias ultramontanas, la presencia de estas manifestaciones en la vida diaria y el hecho de que gran parte de la población mundial vaya normalizando esta realidad son vividos como un elemento destructor que creen que niega el sexo biológico, que es un rechazo a su visión inmutable de la estructura familiar y que suspende su visión divina del ser humano. En su torpeza aún no alcanzan a comprender que nadie aspira a cambiar su identidad de género por placer o como si fuera una moda, y, por otro lado, nadie ataca la estructura de la familia de otro creando una familia a la medida de su forma de amar.

Es difícil de entender que, a la luz de todas las evidencias científicas, haya quienes no alcanzan a comprender el suplicio que significa para las personas trans vivir asumiendo un cuerpo y un papel que se les ha asignado por una mera decisión administrativa pero que no sienten que sean suyos.

Es innegable que las nuevas investigaciones sociales han dado a gran parte de la humanidad una visión de nuestros congéneres menos cruel que la que tuvimos durante siglos, y nuestras organizaciones mundiales han adoptado esas nuevas visiones. Esto puede resultar monstruoso para los neofascistas, pero el resto de la ciudadanía no sólo no tiene por qué compartir esta barbarie, sino que tiene la responsabilidad cívica de oponerse con todos sus recursos a que se quiera imponer esta dictadura de la crueldad.

Aquí también la mentira desempeña su papel

La mentira, que es el caballo de batalla de la ultraderecha, también es arrojada contra el colectivo LGTBIQ+, arropada en la ignorancia de parte de la ciudadanía con la intención de crear rechazo social hacia las personas que pertenecen a él.

Una de esas falacias es asociar homosexualidad a pederastia; un repugnante discurso de odio sin fundamento alguno que como tal fue designado desde los tribunales de justicia ante una de esas infamias. En 2018, la Audiencia Provincial de Madrid así clasificó la expresión del periodista Eulogio López, quien, en un vídeo de YouTube, dijo lo siguiente: «No nos engañemos: homosexualidad, es decir, sodomía y pedofilia y pederastia son dos ramas del mismo tronco […], son dos degeneraciones anticristianas […], el noventa y tantos por ciento de los casos de pedofilia son homosexuales, de práctica sodomita. Hombre, no neguemos la evidencia».

Los jueces de ese tribunal no entendieron que existiera tal evidencia y confirmaron la pena para el denunciado por esas afirmaciones, señalando en su fallo que «la dosis de menosprecio y descrédito que encierran esas palabras es sencillamente brutal, intolerable para una sociedad basada en el respeto a la dignidad y libertad de las personas».

Este fallo de la Audiencia abundaba en las manifestaciones del condenado sobre la homosexualidad: «La dosis de menosprecio y descrédito que encierran estas palabras es sencillamente brutal, intolerable para una sociedad basada en el respeto a la dignidad y la libertad de las personas», dice, criticando que esgrima una estadística de pedófilos homosexuales trufada con «datos carentes de todo contraste científico, tan desmesurados como insostenibles, afirmando cifras porcentuales que tan sólo pueden ser fruto de una consciente e intencionada temeridad».

Con el agregado de que esa antojadiza relación entre homosexualidad y pedofilia «colisiona frontalmente con la opinión científica», añade: «lo único evidente es que nada de esto puede predicarse con relación a las personas homosexuales si no es desde la más palmaria intención de humillarles».

Como suele suceder, los abogados del agresor apelaron al derecho a la libertad de expresión de su defendido, cosa que no fue admitida por la sala, y los magistrados concluyeron: «resulta indudable que las palabras que utiliza tienen la consideración de gravemente ofensivas» para ese colectivo; que se trata de «una descalificación que transgrede cualquier discurso racional» y que, aunque es cierta «la tensión que en ocasiones se produce entre la libertad de expresión y el discurso del odio, […] la Constitución no ampara los atentados a la dignidad»[5].

LAS DISTINTAS OPCIONES SEXUALES NO SON UN PELIGRO SOCIAL

Por lo mismo, no resulta sorprendente que personas sensibles a la importancia de los derechos humanos hayan reaccionado ante el avance de esta nueva ultraderecha que pretende pisotearlos, y se hayan negado a ser cómplices mudos de sus intenciones.

Así es como Carlos Jiménez Villarejo –que fuera fiscal especial contra la Corrupción y la Criminalidad Organizada y un gran luchador contra la tortura y los torturadores del franquismo– en junio de 2023 recuperó un documento propio que, según explica en *elDiario.es*[6], «procede de una colaboración en una obra colectiva publicada en 1977 con el título «Los homosexuales frente a la Ley» en referencia a la 16/1970 «sobre peligrosidad y rehabilitación social» que incluía entre los calificados como de «estado peligroso» a quienes «realicen actos de homosexualidad».

Jiménez Villarejo, en esta reedición en que se refiere sólo a la homosexualidad, señala que esta es

solo una expresión de los impulsos sexuales humanos que, por razones diversas, toman un rumbo distinto a los que la sociedad dominante entiende como normales. Y esta diversificación de los impulsos sexuales –homo y heterosexuales– no debe ser calificada de «peligrosa», pues no es sino la expresión, que debe ser respetada, de las formas de relaciones afectivas. La prohibición y/o la persecución de la homosexualidad es imponer al hombre

---

[5] [https://cadenaser.com/ser/2018/02/22/tribunales/1519280415_781358.html].
[6] [https://www.eldiario.es/opinion/tribuna-abierta/defensa-homosexualidad_129_10335279.html].

o a la mujer un «corsé histórico», contrario a la riqueza de la evolución histórica y a la espontaneidad y capacidad creadora del ser humano. Es inaceptable la oposición a dichas relaciones sexuales cuando la máxima expresión de la relación heterosexual, el matrimonio, ha sido el gran instrumento para sojuzgar a la mujer, víctima de toda clase de humillaciones y violencias[7].

Ya entonces, este juez prevenía que las conductas homófobas «favorecen una hostilidad ambiental, absolutamente rechazable. La relación homosexual, al igual que la heterosexual, favorece el desarrollo afectivo, somático e intelectual de ambas partes. Pero, incomprensiblemente, aún persisten personas e ideologías –lo estamos comprobando estos días– que mantienen una irracional y reaccionaria oposición a la plena legitimidad y legalidad de la homosexualidad. Posición propia de una moral burguesa y reaccionaria que, incomprensiblemente, aún persiste en círculos políticos y sectores sociales que se mantienen fieles a los principios propios de la Ley franquista de 1970». Parecen continuar fieles a las posiciones, ya superadas, de los tribunales que, en aquellas fechas, expresaban un «rechazo profundo» a la homosexualidad, «acentuando su marginación».

Y concluía de forma premonitoria: «Estamos asistiendo a un deterioro progresivo de la moral dominante, sobre todo en lo que afecta a las relaciones afectivas y familiares, a la vez que crece una nueva sensibilidad hacia formas de comportamiento y relaciones interpersonales que, cualquiera que sea su contenido, son dignas de respeto si están presididas por el respeto mutuo y la comprensión recíproca que garantiza la autonomía de las personas y su realización personal [...]».

NEGARLO TODO, HASTA LOS ADELANTOS CIENTÍFICOS

Como hemos visto, uno de los escenarios donde la ultraderecha sitúa su estrategia para marcar la agenda de los debates ciu-

---

[7] *Ibid.*

dadanos es apelar a la amnesia de gran parte de la población sobre los derechos adquiridos, que fueron aprobados en su momento por amplios consensos y sobre los cuales no cabe ya debate alguno.

De la misma manera pretende desconocer o negar los adelantos científicos y los conocimientos que han permitido a los seres humanos desde el siglo pasado desprenderse de prejuicios e incorporar esos conocimientos contrastables y demostrados, de forma que han mejorado la convivencia y han permitido avanzar hacia una sociedad sana en la concordia.

Esa propaganda negacionista de los conocimientos suele conseguir que una parte de la ciudadanía democrática caiga en la trampa de reabrir debates rebatidos por un gran número de organismos internacionales y superados no sólo en España sino en muchos otros países. Esta ignorancia obsecuente, que es burda estrategia perversa, genera inseguridad y angustia en muchos de los colectivos ciudadanos «diferentes».

Tengamos en cuenta, una vez más, que las reformas legales que plantea la extrema derecha, de llegar a aplicarse, significarían un brutal retroceso en todos los estamentos sociales, además de que los sufrimientos personales que se derivarían de los recortes en esas las libertades y en los derechos adquiridos colocarían a España en una situación de difícil encaje en la comunidad democrática internacional.

Un ejemplo flagrante de estas prácticas delirantes de los ultras ha sido la defensa de los diputados de Vox en el Congreso de los Diputados de las terapias para «curar» la homosexualidad. Su diputado Iván Espinosa de los Monteros ha defendido su realización y ha criticado que el Estado se «entrometa» en las decisiones de los adultos dispuestos a aplicar algunos de esos tormentos a sus hijos. Su colega Macarena Olona aseguró que «es un error prohibir que los homosexuales acudan a una terapia que les ayude a encontrar su identidad».

Por fortuna, el resto de la cámara impuso un sano sentido común y votó por la prohibición de estos sistemas de «conversión» de la identidad sexual. Como dijimos antes, en enero de 2022, Francia se ha sumado a los países que desdeñan esta bar-

baridad acientífica y ha aprobado, por unanimidad de su parlamento, introducir en el código penal un nuevo delito: la práctica de las terapias de reorientación sexual.

Desde esa fecha, la justicia francesa sanciona con al menos dos años de prisión y una multa de 30.000 euros a quien aplique algún método con la intención de alterar la salud física o mental de las personas. El castigo aumentará a tres años de prisión y 45.000 euros de multa cuando se actúe sobre un menor o sobre una persona sobre la que se tiene autoridad o que sufre alguna deficiencia.

CAPÍTULO VIII

LOS MEDIOS DE COMUNICACIÓN Y LA TEORÍA DE LOS DOS DEMONIOS

El sistema de medios actual nos deja lejos del ideal de una esfera pública sana, equilibrada, libre e independiente. Es cierto que tampoco vivimos en un tiempo en que la reflexión sobre cómo se forma la opinión pública esté en auge. Atrás quedó el ingente esfuerzo de pensamiento crítico que forjara al respecto una Escuela de Fráncfort o más tarde una Escuela de Birmingham. Vivimos en la zozobra que provoca el ver el mundo del revés. Lo que antes se reivindicaba como derecho inalienable (léase, que las personas formen sus opiniones con base en el libre acceso a la educación, la cultura y la información), ahora se torna un alegato clasista en pro del derecho al privilegio. Cada vez más, los contenidos de medios y redes sociales nos hacen caer en la cuenta de que no se ha democratizado el acceso a la información y al conocimiento, sino que se ha extendido el consumo de noticias en un escenario de debate mediático cada vez más banalizante y polarizado.

Poner los contenidos controvertidos en el centro de la agenda mediática no es un tema baladí. Puede verse como una estrategia puramente comercial, pero en el fondo forma parte también de una determinada manera de entender y de poner en práctica la construcción de una conciencia colectiva. Cuando un medio nos vende un debate polarizado como si fuera el colmo del pluralismo, nos está confundiendo. Los medios que incorporan las narrativas de la extrema derecha como parte legítima de la esfera pública, no son medios más objetivos, plurales y equidistantes por el hecho de admitir a debate tales posturas. Son, pura y simplemente, cómplices del gran engaño.

Para quienes piensen que los medios deben tomar una postura equidistante ante las controversias de nuestra sociedad, hay una teoría que les viene como anillo al dedo: la de los dos demonios. Esta teoría surgió en Argentina cuando la extrema derecha justificó el terrorismo de Estado aplicado entre 1976 y 1983 diciendo que era una legítima respuesta a los actos de violencia perpetrados por las guerrillas contrarias a la dictadura y los Gobiernos peronistas que la precedieron. Según este argumento, en un enfrentamiento no se puede definir quiénes son los buenos y los malos, puesto que todo es relativo. Sólo cabe asumir una postura que no implique tomar partido. Pero el resultado es que, entre ángeles y demonios, la teoría (desde su defensa de la equidistancia y sin mediar concepto alguno de justicia) termina reconociendo solamente la parte demoníaca.

De hecho, esta bonita teoría no quedó metida en una caja de sorpresas con una nota para la posteridad, sino que se ha aplicado de forma natural en otros contextos y situaciones. En España, sin ir más lejos, los dos demonios iban de la mano explicando a las audiencias que era legítimo escuchar un «a por ellos» en todos los medios, cuando los cuerpos y fuerzas de seguridad del Estado movilizaron sus efectivos para reprimir el peligro de la celebración de un referéndum por la independencia en Cataluña en 2017. Todo lo que atentaba contra la idea de unidad patria fue públicamente explicado como acto que justificaba tanto las cargas policiales como la verbalización de sus consignas de odio. Las imágenes televisadas de la violenta represión policial que sufrieron muchas personas que fueron a votar el día del referéndum no sirvieron para demostrar el uso desmesurado de la fuerza. Para aquellos televidentes que corearon el «a por ellos» desde sus butacas, los agredidos no eran más que violentos independentistas catalanes. Tal como podemos suponer (hablando de demonios y en relación con los medios), el hecho de que el espectáculo de la violencia se orqueste desde una supuesta equidistancia no conduce a nada bueno.

EL RIESGO REAL DE UNA
COLABORACIÓN NEFASTA

El historiador italiano Steven Forti, autor del libro *Extrema derecha 2.0. Qué es y cómo combatirla*[1], al ser consultado en el diario *Público* sobre cómo deben tratar los medios de comunicación la información acerca de la extrema derecha renaciente en Europa, y tras reconocer la importancia de esa cuestión, respondió:

> El gran problema es que en muchos casos hemos visto cómo los medios se convertían, consciente o inconscientemente, en altavoces y megáfonos de las ideas de la ultraderecha. Lo que no se puede hacer es convertir un tuit, una declaración de Abascal, Trump o Salvini en un artículo sin más. Cosas que lamentablemente a veces pasan. Y sé muy bien que hay muchas razones. Que si la información es muy rápida y hay que sacarlo todo. También que el periodismo está en crisis y a muchos periodistas se les pide trabajar muchas horas y publicar muchos artículos. Pero no se puede dar todavía más visibilidad a estas declaraciones que, muchas veces, son mentira. No hay que convertirse en megáfono de ideas racistas o xenófobas, y, si se hace, que se haga contextualizando esta información. Si hay datos que son mentira, hay que ponerlo de relieve[2].

Actitudes responsables como las que reivindica Forti son casi inexistentes en los medios audiovisuales españoles, donde las voces de odio y los datos falsos de los portavoces de la extrema derecha se difunden como si fueran dogma de fe bajo el burdo pretexto del respeto a la pluralidad y a la libertad de expresión. Dos afirmaciones que, como veremos, no se sustentan y no están respaldadas por la ley ni por ninguna norma del periodismo.

---

[1] Steven Forti, *Extrema derecha 2.0. Qué es y cómo combatirla,* Madrid, Siglo XXI, 2022.
[2] [https://www.publico.es/entrevistas/steven-forti-no-entendemos-nueva-extrema-derecha-costara-entender-amenaza-real-representa.html].

Tan dañino como el trabajo de estos periodistas para incrementar la angustia de las personas ante la pandemia, desinformar sobre los derechos de la población migrante o lanzar bulos sobre los colectivos feministas, es la infección que extienden sobre el derecho a la libertad de expresión para hacer creer a la ciudadanía menos informada que esa libertad otorga derecho a desacreditar con calumnias o, llanamente, a mentir. Esto último debería ya estar expulsado de la práctica del periodismo por mera ética profesional. Sin embargo, la corriente negacionista también alcanza a este principio elemental.

El analista Arsenio Cuenca publicaba en el periódico digital *La Marea* lo siguiente: «Es necesario aplicar una mirada crítica sobre esas mesas de debate en televisión donde presuntamente se plantean análisis geopolíticos. En ellas se contribuye a blanquear ciertas ideas y figuras reaccionarias vinculadas al neofascismo y el conspiracionismo»[3]. Presentadores de televisión como Pablo Motos, Ana Rosa Quintana o Susanna Griso siguen dando cabida en sus programas a personajes de escasa integridad ética. Así ha sido como estos colaboracionistas del espanto convertido en espectáculo no dudaron en sumarse a los mitos que en medio de la pandemia del covid-19 se impulsaban para generar más angustia en las poblaciones. No había ningún fundamento para difundir esas ideas. La situación de alarma que sorprendió a la humanidad y generó un miedo justificado fue aprovechada por algunos presentadores de programas sensacionalistas como el escenario adecuado para generar aún mayor ruido y desconcierto. Esperpentos como el programa *Cuarto Milenio*, de la cadena Cuatro, que dirige Iker Jiménez, y los espacios que concurren a la programación de El Toro TV, órgano paraoficial de Vox, se sumaron de buen grado a esta insensatez, y no de forma inocente.

Carme Colomina, periodista e investigadora especializada en desinformación y política global, hizo un análisis de los discur-

[3] Arsenio Cuenca, «Conspiraciones y ultraderecha: de Pedro Baños a Hazte Oír», *La Marea,* 10 de agosto de 2021 [https://www.lamarea.com/2021/08/10/conspiraciones-y-ultraderecha-de-pedro-banos-a-hazte-oir/].

sos que negaron el covid-19 y que tuvieron gran protagonismo en la esfera pública durante la pandemia. En su artículo «¿Desconfianza en la vacuna o desconfianza en el sistema?», escribió:

El relato de la lucha contra el coronavirus se planteó como una confrontación geopolítica de modelos. Una «batalla de narrativas» –formulada de nuevo desde el binarismo– entre democracias liberales y regímenes autoritarios [...] donde la propaganda se había convertido en un elemento esencial de las respuestas gubernamentales. A nivel local, la politización de la pandemia y de las medidas planteadas para hacerle frente acabó reforzando también el argumentario de la derecha radical: nosotros frente a ellos (ante el derecho a la movilidad y las migraciones) o el pueblo frente a las elites (durante la imposición del confinamiento)[4].

De manera irresponsable, muchos medios de comunicación y redes sociales se hicieron eco de las manifestaciones negacionistas surgidas de las filas de la extrema derecha y convertidas en fenómeno social en diversos países. Los relatos antivacuna se mezclaron con arengas contra las elites a cargo de la gestión de la pandemia y contra los Gobiernos. A esto se sumó el aumento de la influencia de los medios de comunicación y las redes sociales como fuente de información durante el confinamiento. Las fuentes gubernamentales sufrieron un descrédito sin precedentes en países como Francia, España o Italia. En este último país surgió una minoría furiosa que durante meses hizo campaña contra la vacunación, y en estas acciones fue más que notable la presencia de la extrema derecha en coalición con algunos sectores ultracatólicos. Este encuentro de intereses se produjo también en países como Polonia o Estados Unidos. Christopher Knaus y Michael McGowan publicaron en *The Guardian* un artículo donde explicaban cómo un grupo de teóricos de la conspiración con

---

[4] Carme Colomina, «¿Desconfianza en la vacuna o desconfianza en el sistema?», *CIDOB Report* 7 (2021) [https://www.cidob.org/es/articulos/cidob_report/ n_7/desconfianza_en_la_vacuna_o_desconfianza_en_el_sistema].

sede en Alemania ayudó a impulsar las protestas en Australia. De acuerdo con las pesquisas de estos dos periodistas, la información sobre las protestas se difundió por Telegram, Instagram y Facebook, y a menudo fueron amplificadas por los medios que, jugando a ser antivacuna, acumularon miles de seguidores durante la pandemia[5]. El alcance mundial de las consignas negacionistas y conspiracionistas ideadas oportunamente por la extrema derecha nos tiene que hacer pensar en su poder de incidencia en situaciones de extrema fragilidad social, como la vivida tras la irrupción del covid-19.

La función social del periodista y los idiotas útiles

El periodismo es un oficio o profesión muy loable, pero también es un sector donde se da pie de manera muy especial al culto a la vanidad de quien se sabe laureada o laureado como personaje al mando de la creación de opinión. El periodismo es un oficio o profesión muy loable, pero también es un sector donde el poder de generar opinión se convierte en el poder de hacer una interpretación personal de los principios consensuados que rigen la profesión. Algunas y algunos periodistas tienden a ignorar las recomendaciones que se van generando sobre el ejercicio de su actividad. O supeditan el interés público de lo que publican a sus ansias de notoriedad. Esto no es válido para la totalidad de quienes trabajan en el ámbito de la comunicación, ya que un número nada desdeñable de estas personas se ha preocupado de organizarse en torno a *penclubs*, sindicatos o asociaciones que han ido algo más allá de ocuparse de los intereses laborales de las y los informadores. No obstante, es preocupante que en esta hoguera de las vanidades se hayan puesto de moda

    5 Christoper Knaus y Michael McGowan, «Who's behind Australia's anti-lockdown protests? The German conspiracy group driving marches», *The Guardian* 27 de julio de 2021 [https://www.theguardian.com/australia-news/2021/jul/27/who-behind-australia-anti-covid-lockdown-protest-march-rallies-sydney-melbourne-far-right-and-german-conspiracy-groups-driving-protests].

quienes no distinguen su perfil de profesionales de la información de su perfil de *influencers* sin principios o surcados por
conflictos de intereses.

Varias han sido las organizaciones profesionales que se han
preocupado por la función social del periodismo; es decir, que
entienden que su labor tiene un propósito definido. Su misión
es informar de los hechos a los conciudadanos que, como es
natural, no se dedican a esa tarea y que, de forma implícita, han
confiado a las empresas de comunicación y a sus trabajadores la
tarea de informarles. El alcance de esa información puede ser
tan amplio como esas empresas decidan: de uno a todo, según
sus capacidades y en ejercicio de lo que ha dado en llamarse
«libertad de prensa», que es la capacidad otorgada a los medios,
de alguna manera indefinida, de decidir cuáles son los hechos o
las cosas que son de «interés público».

Nicolás López Calera (2010) define el interés público como
«sinónimo de un interés general que debe ser protegido con
preferencia sobre los intereses particulares». Desde su análisis
de la evolución del término en el ámbito de la filosofía del derecho, el autor explica: «El sentido más estricto o restringido de
interés público no termina en ser el interés de mucho público,
de mucha gente, sino sobre todo que es un interés cuya protección o realización benefician en aspectos muy fundamentales a
la colectividad como tal y consecuentemente también a los individuos que la integran»[6]. En este sentido, la noción de «interés
público» aplicada a la información y a la construcción de la
agenda temática de los medios presenta bastantes analogías con
el concepto clásico del «bien común»[7], que, siendo como era un
concepto del siglo XVIII, nos sitúa ante la certeza de que se trata
de un valor con recorrido. No estamos, pues, inventando nada
nuevo.

---

[6] Nicolás López Calera, «El interés público: entre la ideologia y el derecho»,
Anales de la Cátedra Francisco Suárez 44 (2010), pp. 123-148.
[7] J. J. Rousseau, *Contrato social,* libro segundo, capítulo 1, trad. Fernando de
los Ríos, prólogo de Manuel Tuñón de Lara, Madrid, Espasa-Calpe, 2001, p. 57.
También Madrid, Akal, 2017, edición de María José Villaverde Rico.

Estas definiciones y otras similares dan cuenta, precisamente, de que la labor de informar de manera profesional debe ser una tarea protegida de los intereses particulares o partidistas. De esta idea de periodismo en tanto que servicio a la sociedad y de la necesidad de proteger su función pública surgieron una serie de normas, casi todas reclamadas desde la propia profesión, que configuraron el corpus de la deontología periodística. Los «códigos deontológicos» aparecen así como una herramienta de innegable valor para la autorregulación de la profesión. Se cuentan en Europa más códigos de este tipo que países, y en España hay tres códigos deontológicos surgidos a iniciativa de asociaciones de periodistas[8], aparte de las normas surgidas de los consejos profesionales de los medios de comunicación públicos y de los libros de estilo de muchas empresas periodísticas privadas.

Todos ellos son documentos normativos de lo que deberían ser las buenas prácticas periodísticas con la intención de dejar claro que hay un gran consenso sobre su necesidad, y, dadas las coincidencias de todos ellos en algunos aspectos vinculados a los derechos humanos y los tratamientos nocivos de la información, se puede considerar que no hay debate al respecto; por lo menos, en las sociedades democráticas. Entre esas coincidencias destaca el respeto por la integridad de las personas y su rechazo de todo tratamiento informativo que atente, anule o menoscabe la dignidad humana, tanto como los derechos y libertades de las personas. Sin duda, se trata de una transposición necesaria de los principios ya proclamados en la Convención Universal de los Derechos Humanos.

Cualquiera que haya leído el último informe de seguimiento del discurso de odio en los medios elaborado por la Comisión Europea sobre el Racismo y la Intolerancia (ECRI) puede constatar que gran parte de los medios españoles y algunos europeos no sólo no siguen estas recomendaciones, sino que se empeñan en hacer lo contrario, utilizando las características de las perso-

---

8 Códigos deontológicos de la profesión periodística de Andalucía, Cataluña y de la Federación de Periodistas de España.

nas como un agravante de los supuestos delitos que cometen o, cuando esto no se da, para señalarlas por el mero hecho de ser distintas, como si hubiera un peligro social derivado de esa condición.

He aquí la falsa disyuntiva: saber si las y los periodistas que trabajan en estos medios actúan con la plena conciencia de que quieren favorecer el ataque a las libertades humanas, u obran por mera ignorancia y/o inercia sin darse cuenta de que se han convertido en portavoces de las narrativas que la extrema derecha está intentando inocular en la sociedad por todos sus medios. Para entender lo que pasa, no deberíamos analizar solamente las líneas editoriales y las estructuras empresariales que hay detrás de cada medio, o las condiciones en que se desarrolla la labor de las y los periodistas, y la forma en que sortean los conflictos de intereses desde una creciente precariedad o desde un concepto de la competitividad mal entendido. Como sostiene Forti en su libro ya mencionado, señalar las posibles causas de un ejercicio de la profesión ignorante e irresponsable no basta para justificar esa realidad. Es preciso, indudablemente, ponerla en cuestión.

No se puede minimizar una aberración en nombre de la libertad de expresión

El director de *Okdiario,* Eduardo Inda, defendió en una tertulia la difusión de bulos porque «no son delito», y que no permitirlos sería, para él, una «estrategia censora» por parte del Gobierno. Inda se aferró a la idea de que solo es delito lo que está tipificado como tal en el Código Penal. Sin embargo, todos los códigos de los que se han dotado los profesionales del periodismo tienen muy en cuenta el valor de la ética en su ejercicio. Las normas autorreguladoras de la profesión no inquietan a los tertulianos como Inda, a los que varios medios españoles acogen sin rubor. A pesar de la impunidad que puede ofrecer el amplio marco de interpretación de las leyes en lo que respecta a la libertad de expresión, el director de *Okdiario* ya ha sido instado en varias ocasiones a rectificar informaciones falsas en relación, por ejemplo, con la Organización Impulsora de Discapacitados o la adjudicación de un proyecto por parte del Gobierno de Navarra. También debió admitir, ante los tribunales, que se inventó una noticia sobre una supuesta condena contra un cargo del partido político Podemos.

Manifestaciones de «libre expresión» como las que reivindica Inda no están amparadas por la ética periodística. Los comentaristas y tertulianos, con más razón siendo directores de medios de comunicación, deberían atenerse a lo que dicta el Código Europeo de Deontología del Periodismo del Consejo de Europa en sus puntos quinto y sexto:

5. La expresión de opiniones puede versar sobre reflexiones en relación con ideas generales o referirse a comentarios sobre noticias relacionadas con acontecimientos concretos. Si bien es cierto que en la expresión de opiniones, por ser subjetivas, no debe ni es posible exigirse la veracidad, sin embargo, se debe exigir que la emisión de opiniones se realice desde planteamientos honestos y éticos.

6. La opinión referente a comentarios sobre acontecimientos o acciones de personas o instituciones no debe intentar negar u ocultar la realidad de los hechos o de los datos[9].

Joaquim Bosch, exportavoz de Juezas y Jueces para la Democracia[10], en una entrevista realizada por el periodista Ignacio Escolar para *elDiario.es*, destacó el valor de la maltratada libertad de expresión y señaló al respecto: «La libertad de expresión ampara las opiniones subjetivas y las críticas, pero no ampara el derecho a mentir». Para Bosch, el problema radica en que la Constitución ampara el derecho a difundir información veraz,

---

[9] Consejo de Europa, *Ethics of Journalism,* Parliamentary Assembly, 1 de julio de 1993 (42nd sitting) [https://assembly.coe.int/nw/xml/XRef/Xref-XML2HTML -en.asp?fileid=16414].

[10] Bosch fue elegido para esta función en 2012 tras ser el magistrado más votado en las elecciones internas y reelegido en 2014 con el apoyo mayoritario del congreso de esta asociación del ámbito jurídico.

pero no existe protección constitucional contra la mentira. Este juez manifestaba su preocupación por el estado de cosas añadiendo: «El Gobierno no puede impedir las críticas, pero el estado de derecho, a través del sistema judicial, tiene que tener la capacidad de resolver estas cuestiones e implementar instrumentos para desenmascarar a los que mienten»[11]. El código europeo es el único que no se refiere solo a los periodistas, sino que abarca el periodismo de forma amplia. En este sentido, el articulado de la normativa también dice que el ejercicio del periodismo «no debe condicionar ni mediatizar la información veraz o imparcial y las opiniones honestas con la pretensión de crear o formar la opinión pública, ya que su legitimidad radica en hacer efectivo el derecho fundamental a la información de los ciudadanos en el marco del respeto de los valores democráticos»[12]. Si estas normas fueran de obligado cumplimiento, muchos medios españoles hace años habrían cerrado.

La veracidad, según López de Lerma, es lo que resulta del tratamiento comprobado y contrastado de la información siguiendo los cánones de la profesión periodística: «El derecho a recibir información veraz se ha convertido en uno de los principales fundamentos de la realidad democrática, que nos ha permitido consolidar una opinión pública plural y libremente formada, contribuyendo a la consolidación del Estado social y democrático de derecho»[13]. El derecho a recibir información veraz está reconocido en distintos fallos que entienden que no es punible por negligencia o mala fe el/la profesional de la información que apeló a todas las fuentes disponibles para contrastar la información que ha publicado.

---

[11] «Joaquim Bosch: "La libertad de expresión ampara opiniones subjetivas y críticas, pero no ampara el derecho a mentir"», *eldiario.es,* 20 de abril de 2020 [https://www.eldiario.es/conectados/magistrado-joaquim-bosch-ignacio-escolar-entrevista_1_5950974.html].

[12] Consejo de Europa, *op. cit.*

[13] Jesús López de Lerma Galán, «El derecho a recibir información veraz en el sistema constitucional. El ejercicio profesional del periodismo como garantía democràtica», *Estudios de Deusto* 66, 2 (2018), pp. 435-459 [https://revista-estudios.revistas.deusto.es/article/view/1534/1883].

LA OBLIGACIÓN POSITIVA DEL ESTADO

Se entiende que los Estados no pueden limitarse a incluir en sus constituciones normas que, en la práctica, se convierten en meras declamaciones, ni entender que han cumplido su cometido si, en el mejor de los casos, no ejercen la censura o no silencian legalmente la libertad de expresión. Tanto la Corte Interamericana de Derechos Humanos (CIDH) como el Tribunal Europeo de Derechos Humanos (TEDH) han entendido que los Estados tienen un papel fundamental y son clave como garantes de esa pluralidad de voces y del equilibrio informativo, y así lo han definido en sus fallos. Del CIDH aportamos dos que son más que contundentes en su formulación. El primero corresponde al «caso Ríos y otros vs. Venezuela», fallado en 2009: «Dada la importancia de la libertad de expresión en una sociedad democrática y la responsabilidad que entraña para los medios de comunicación social y para quienes ejercen profesionalmente estas labores, el Estado debe minimizar las restricciones a la información y equilibrar, en la mayor medida posible, la participación de las distintas corrientes en el debate público e impulsar el pluralismo informativo»[14].

El segundo ejemplo de jurisprudencia corresponde al «caso Granier y otros (Radio Caracas Televisión vs. Venezuela)», fallado en 2015. En el artículo 140 de la sentencia se expone: «Sin una garantía efectiva de la libertad de expresión se debilitan los sistemas democráticos, propiciando un campo fértil para el arraigo de sistemas autoritarios», tal como lo expresó la Corte Interamericana en la sentencia. Más tarde, en el último artículo se apela a los estándares jurídicos internacionales, mencionando el artículo 2 de la Convención Americana «para efectos de que los Estados establezcan leyes y políticas públicas que garanticen, de manera efectiva, el pluralismo de medios o informativo en las distintas áreas comunicacionales (por ejemplo, prensa,

---

[14] Corte Interamericana de Derechos Humanos, Caso Ríos y otros vs. Venezuela, sentencia de 28 de enero de 2009 [https://www.corteidh.or.cr/docs/casos/articulos/seriec_194_esp.pdf].

radio, televisión e internet) como condición necesaria para la consolidación de una democracia constitucional, fundada en el pleno respeto de los derechos fundamentales; constituyendo la libertad de expresión uno de sus componentes esenciales, como se advierte de los artículos 3 y 4 de la Carta Democrática Interamericana»[15].

Por su parte, el TEDH señaló en la sentencia del «caso Centro Europa 7 S.R.L, y Di Stefano vs. Italia» (2012) que, «además de un deber negativo de no interferencia, el Estado tiene una obligación positiva de contar con un marco administrativo y legislativo adecuado para garantizar el pluralismo y la diversidad»[16].

Este concepto de «obligación positiva» es básico en la nueva interpretación derivada de la necesidad de los Estados de garantizar el ejercicio de los derechos fundamentales de las personas. La existencia de estas nuevas interpretaciones, así como la ampliación de los derechos o su extensión a sujetos o actividades derivadas de las nuevas tecnologías o iniciativas no existentes en 1948, no pueden ser menoscabadas o negadas, ya que estaban previstas en la Declaración Universal de los Derechos Humanos (DUDH) al fijar que los derechos originales eran «la inspiración» de nuevos derechos.

En síntesis, todo Gobierno que entienda que no tiene la obligación de garantizar un derecho humano está prevaricando en sus funciones y haciendo dejadez de una responsabilidad irrenunciable para la defensa de la ciudadanía. Conviene recordar que la Constitución Española dicta en su artículo 9.2: «Corresponde a los poderes públicos promover las condiciones para que la libertad y la igualdad del individuo y de los grupos en que se integra sean reales y efectivas; remover los obstáculos que impidan o dificulten su plenitud y facilitar la participación de

---

15 Corte Interamericana de Derechos Humanos, Caso Granier y otros (Radio Caracas Televisión) vs. Venezuela, sentencia de 22 de junio de 2015 [https://www.corteidh.or.cr/docs/casos/articulos/seriec_293_esp.pdf].

16 Tribunal Europeo de Derechos Humanos, Asunto Centro Europa 7 S.R.L, y Di Stefano vs. Italia, sentencia de 7 de junio de 2012 [https://hudoc.echr.coe.int/app/conversion/pdf/?library=ECHR&id=001-139360&filename=001-139360.pdf].

todos los ciudadanos en la vida política, económica, cultural y social»[17].

---

[17] [https://www.boe.es/legislacion/documentos/ConstitucionCASTELLA-NO.pdf].

CAPÍTULO IX

EL CAPITALISMO RABIOSO

Hay razones para preocuparse por los riesgos que comporta el acceso de la extrema derecha al poder. No se trata solamente de señalar la escalada de racismo o de ataques de odio a determinados colectivos. Hay una parcela no menos importante donde la ultraderecha se muestra difusa: la gestión de los bienes públicos y, claro está, de la distribución de la riqueza. La ultraderecha dice revelarse contra la explotación laboral, pero ataca a los sindicatos horizontales, nada dicen de la concentración de capitales y, en general, hablan muy poco de las líneas económicas que impondrían donde gobernasen.

Una excepción la constituye el economista argentino Javier Milei, que expone sin prejuicios sus planes de defensa de un ultraliberalismo económico que coloque el mercado libérrimo como único factor de desarrollo social, y que proclama que la justicia social defendida en todas las culturas durante decenios es, para él y sus seguidores, una aberración que atenta contra el derecho de las personas a enriquecerse sin ninguna obligación social que pueda poner freno a esa intención.

SUS MENSAJES NO TIENEN NADA DE NUEVO

Lo singular, sobre todo en el espacio del Cono Sur de América Latina, es que estas teorías que se dirigen a la eliminación del Estado como protector de los derechos ciudadanos son observadas por muchas personas jóvenes como algo novedoso o una innovación en las teorías económicas. Ambas apreciaciones son falsas en su totalidad. La terrible *Operación Condor* con que se impusieron las feroces dictaduras de Chile, Argentina y Uruguay en la década de 1970 fue el factor necesario para imponer una economía ultraliberal que despojara a esos países de sus riquezas naturales y dejara el poder económico en manos de los grandes capitales nacionales o transnacionales. La aparentemente novedosa «dolarización» de las monedas nacionales a la que aspira Milei no tiene nada de nuevo y ya fue consumada por los seguidores de las teorías de Milton Friedman en el Chile de Pinochet.

Los conocidos como *Chicago Boys* que surgieron en la década de 1970, fueron un grupo de economistas chilenos jóvenes egresados de Economía en la Pontificia Universidad Católica de Chile y muchos de ellos formados en las cursos de Economía de la Universidad de Chicago, que seguían las teorías de Milton Friedman y Arnold Harberger. Estos jóvenes economistas fueron quienes diseñaron las reformas económicas y sociales de la dictadura militar liderada por Augusto Pinochet entre 1973 y 1990, que llevaron a implantar una política económica neoliberal y monetarista en medio de un clima de terror; el propio Milton Friedman se reunió con Augusto Pinochet el 21 de abril de 1975 para plantearle cara a cara sus ideas, que llevaron, entre otras *virtudes,* a la drástica reducción del gasto social, la privatización de las empresas estatales, la minimización de las obligaciones fiscales, el fomento de la inversión extranjera, máximas facilidades para la libre empresa y, por consecuencia, supresión de los convenios laborales y persecución de los sindicatos. En una carta posterior, el economista le decía al dictador: «El mayor error [de Chile], en mi opinión, fue concebir al Estado como el solucionador de todos los problemas, de creer que es posible administrar bien el dinero ajeno».

El Chile que dejó el «milagro» económico ultra

Para convertir a Chile en el primer laboratorio de las teorías de Friedman, los militares sembraron el terror y la muerte en todo el territorio. Según los datos de los informes de la Comisión de Verdad y Reconciliación (Informe Rettig)[1], la Corporación Nacional de Reparación y Reconciliación, y la Comisión Nacional sobre Prisión Política y Tortura (Informe Valech)[2], las víctimas directas ascienden a 31.686 personas 28.459 casos fueron torturadas y 3227 ejecutadas (2125) o desaparecidas (1102)–.

Así, Chile se convirtió en el escenario de ejecución de las políticas económicas que promovía Milton Friedman, quien, halagado, habló del «milagro de Chile»; un espacio donde, como él había reclamado, se había dado un estado de crisis y represión que había paralizado a la ciudadanía e impedido toda oposición manifiesta a sus teorías. El economista estadounidense era consciente de que sus propuestas nunca serían aceptadas por una ciudadanía pensante y con conciencia social.

En 1982, la paridad del peso chileno, que se fijó en 39 pesos por dólar, desencadenó una recesión que, sumada a la disminución del PIB, tuvo un fuerte impacto negativo en los ingresos de la clase media, los trabajadores y la pequeña y mediana empresa.

Un estudio parlamentario realizado tras la vuelta de la democracia estableció que, en los años del genocidio chileno, más de setecientas empresas estatales, entre otras Compañía Acero del Pacífico (CAP), Sociedad Química y Minera de Chile (Soquimich), Industria Azucarera Nacional (Lansa), Banco de Chile, Línea Aérea Nacional (LAN Chile), Empresa Nacional de Telecomunicaciones (Entel), Empresa Nacional de Electricidad (Endesa) y Laboratorios Chile, fueron vendidas a precios irrisorios a grupos empresariales que, como en Argentina, se consolidaron en connivencia con la dictadura militar.

Al cumplirse cincuenta años del comienzo del genocidio chileno, el historiador y economista argentino Mario Rapoport[3] decía que durante ese largo periodo:

---

[1] [https://www.derechoshumanos.net/lesahumanidad/informes/informe-rettig.htm].
[2] [https://bibliotecadigital.indh.cl/items/77e102d5-e424-4c60-9ff9-70478e618d78].
[3] [https://www.telam.com.ar/notas/202309/639719-golpe-chile-economia-chicago-boys-rapoport.html].

Las perspectivas de empleo y los salarios del común de los chilenos se deterioraban respecto de los últimos años sesenta, y la riqueza se tornaba más y más concentrada. A la dictadura de Pinochet debe reconocérsele no sólo el manejo de la pobreza, como lo señalaban sus publicistas en el exterior, sino el haber creado tanta pobreza necesitada de manejo. Pero no sólo predominaba la pobreza, sino que también se ampliaba la desigualdad de ingresos. En 1984, el 40% más pobre de la población recibió el 9% del ingreso total, mientras que el 20% de los más ricos recibió el 61%. Los efectos de la declinación de los salarios reales y del alza del desempleo entre los trabajadores chilenos fueron agudizados por la reducción de las actividades del Estado.

Para este *milagro social* de la ultraderecha chilena fue necesario torturar, vejar, encarcelar y hacer desaparecer a miles de chilenos, muchos de los cuales fueron asesinados en el Estadio Nacional en las primeras semanas de la euforia pinochetista.

La economía de las dictaduras de ultraderecha en el Cono Sur

Nos detenemos en este espacio porque ha sido el desembarco masivo de la extrema derecha y, de forma simultánea, de sus teorías económicas lo que permite evaluar, con la distancia debida, la memoria adecuada y la documentación suficiente, sus efectos en la población.

En la República Oriental de Uruguay[4], ese mismo 1973, mediante un autogolpe en complicidad con los militares uruguayos, se reconvirtió en dictador el hasta entonces presidente electo Juan María Bordaberry. Es de suponer que esta fue su oportunidad para manifestarse en su plenitud ultraderechista; se había educado con los jesuitas, pero se convirtó en católico integrista

---

[4] Nombre oficial del país conocido popularmente como «Banda Oriental del Río de la Plata», a cuyos habitantes se los denomina también popularmente como *orientales*.

y se manifestó contrario a los cambios impuestos por el Concilio Vaticano II convocado por Juan XXIII. Dedicado a la empresa agraria, sus primeras actividades políticas las realizó en el seno de la Liga Federal de Acción Ruralista, de clara tendencia conservadora.

Alcanzado el poder dictatorial, Bordaberry, y con el beneplácito de los militares que aspiraban a «acabar con los políticos», disolvió las cámaras del Congreso y del Senado, y procedió a la ilegalización de las organizaciones sindicales y sociales. Muchos de los miembros de ellas fueron ingresados en prisión, y se instalaron como sistema la tortura, el encarcelamiento prolongado y masivo, y la desaparición forzada, sumada al exilio forzoso. Se estima que en torno a 380.000 *orientales* tuvieron que dejar Uruguay, es decir, casi el 14% de su población.

La política económica implantada fue un calco local de las teorías de Chicago en un país agrícola ganadero y con casi nulas riquezas extractivas, pero con una tradición democrática que parecía sólida. Se proclamó como la panacea el plan «Uruguay Plaza Financiera», para el fomento de entrada de capitales extranjeros. Los ricos fueron más ricos, pero eso no mejoró la vida uruguaya; con la desregulación laboral, el salario real de los trabajadores cayó el 30%.

Es importante analizar en especial algunas de las determinaciones tomadas en el periodo de la dictadura, cuando explícitamente se definió ubicar al país como plaza financiera. Cabe aclarar que hay una gran diferencia entre las actividades financieras y lo que creo que realmente se hizo, que fue generar un paraíso fiscal, o un paraíso del secreto bancario, o un centro con poco control del lavado de activos[5].

Es recomendable el trabajo de análisis *Dictadura, delitos y capital financiero. Uruguay, 1973-1984*, del economista Jorge

[5] Carlos Maresca, «La crisis de 2002: la caída del proyecto "Uruguay Plaza Financiera"», *La Diaria*, 23 de agosto de 2022 [https://ladiaria.com.uy/opinion/articulo/2022/8/la-crisis-de-2002-la-caida-del-proyecto-uruguay-plaza-financiera/].

Notaro, investigador de Núcleo de Pensamiento Crítico en América Latina y Sujetos Colectivos de la UDELAR, una organización multidisplinar con ese objetivo. En este trabajo, Notaro «analiza el papel que tuvo el capital financiero en los delitos cometidos durante la última dictadura» uruguaya. Y aporta: «el proceso para transformar al país en una plaza financiera internacional adecuando la regulación y las políticas a este objetivo, lo que implicó la creciente apropiación del excedente y el aumento de poder del capital financiero, y, finalmente, la socialización de los costos del fracaso del proyecto. La dictadura implementó una estrategia de supervivencia del capital financiero, principalmente con la llamada "compra de carteras"».

Algunos párrafos después explica cómo ello se convirtió en pocos años en «la gran estafa»:

> A principios de 1982, el City Bank y el Bank of America ofrecieron al Banco Central de Uruguay (BCU) la venta de una parte de su cartera o, de lo contrario, pedirían a la justicia la liquidación de los deudores en mora. Si el BCU compraba esa cartera, evitaría las quiebras y las casas centrales de ambos bancos concederían préstamos al BCU para financiar la operación (Stolovich *et al.,* 1986). Algo parecido a un chantaje.
>
> El BCU accedió, y en octubre del mismo año comenzó la compra de carteras, de estos dos bancos y de otras 21 instituciones financieras, por un total de 588 millones de dólares. Los costos de la cartera incobrable de la banca privada se transfirieron hacia el Estado uruguayo, que contrajo una deuda para comprar una cartera que, en ese momento, resultaba de difícil cobro, y con el correr del tiempo fueron, en su mayor parte, incobrables. El City Bank y el Bank of America, como el resto de las instituciones financieras que participaron de la operación, aumentaron sus ganancias por los nuevos préstamos concedidos al BCU[6].

---

6 [https://www.hemisferioizquierdo.uy/single-post/dictadura-delitos-y-capital-financiero-uruguay-1973-1984].

En líneas generales, esta fue una constante de las dictaduras de la ultraderecha: pagar a los grandes empresarios y a la banca internacional con el patrimonio nacional por haberles facilitado llegar al poder. No olvidemos que durante muchos años la gran prensa internacional y organismos como la Sociedad Interamericana de Prensa (SIP), que representa a los propietarios de los grandes medios del continente, silenciaron la realidad humanitaria que se vivía en estos países.

Sin embargo, los destrozos económicos no acaban con el retorno a la democracia, que casi nunca es completo, porque las deudas asumidas con los grandes fondos y el empobrecimiento de los pueblos son la consecuencia de aquellos desmanes. Así lo señala Carlos Maresca, que fuera funcionario del Banco de Crédito y miembro del Consejo Central de AEBU durante la crisis de 2002:

> Es sumamente importante que los jóvenes, que las nuevas generaciones, se informen. Que escuchen todas las versiones, pero sobre todo que busquen en lo que no es opinable: los documentos y los hechos.
>
> Porque está muy bien que, cuando el «Uruguay Plaza Financiera» estalló, se valore el diálogo político, que generó fundamentalmente el ministro Alejandro Achugarry; la responsabilidad de la oposición, que podía fácilmente haberse dedicado a incendiar la pradera, y la de un movimiento sindical (del que siento orgullo) que jugó un rol fundamental ante una institucionalidad que se bamboleaba. Y dentro de ese movimiento sindical, en particular, el rol que jugó AEBU. Busquen en la prensa en los días siguientes al feriado bancario y el anuncio de cierre de algunos bancos las multitudinarias reuniones en la Intendencia de Montevideo, en clubes o en locales de todos los departamentos del país en que el sindicato salió a dar la cara (en momentos en que nadie les decía a los ahorristas qué futuro tendrían sus depósitos).
>
> Pero sobre todo profundicen en las causas y en las responsabilidades políticas de cada quién. No para buscar culpas, sino para que asuma cada quién la responsabilidad que le cabe. Que expliquen cómo y cuándo llegaron al país la secta Moon (Banco

de Crédito), Benhamou (Banco Pan de Azúcar) y los hermanos Rohm (Banco Comercial).

Y no se dejen trampear con las versiones de que todo fue mala suerte o arrastre de la crisis argentina. Y tampoco asuman como válidas las versiones de que «quizá fallaron los controles del Banco Central».

En definitiva, esta búsqueda de las causas daría para mucho más detalle. Será tarea de las próximas generaciones aprender de lo sucedido para tener cuidado cuando quizás alguien retome la idea del Uruguay Plaza Financiera.

Y, sobre todo, no olviden lo que dejó esa política económica de casi tres décadas, que, cuando estalló, hizo que miles de trabajadores perdieran su empleo, e hizo que decenas de miles de uruguayos se vieran obligados a tomar la dolorosa decisión de tener que irse del país.

Y lo peor (si es que lo anterior ya no era horrible): según datos del Instituto Nacional de Estadística, en 2004 cerca de 200.000 hogares, alrededor de 1.000.000 de personas, quedaron bajo la línea de pobreza. Y dentro de ese nivel de pobreza quedaron 57% de los niños de entre cero y seis años. Casi dos de cada tres niños.

Por favor, no olvidemos nunca las causas y las consecuencias que dejó el modelo de Uruguay como plaza financiera[7].

Las advertencias a la desmemoria o el desconocimiento están justificadas ante la aparición de grupos ultraderechistas uruguayos como Cabildo Abierto, un partido/movimiento que es el más desafiante en la actual política del país. Su dirigente, Guido Manini Ríos, pivoteó en la última campaña sobre los cansinos mensajes de miedo a la delincuencia y la inseguridad ciudadana, y enarboló el lema «Se acabó el recreo»[8].

---

[7] [https://ladiaria.com.uy/opinion/articulo/2022/8/la-crisis-de-2002-la-caida-del-proyecto-uruguay-plaza-financiera/].

[8] [http://www.scielo.org.ar/scielo.php?pid=S1852-15682023000100003&script=sci_arttext].

EL «PROCESO» ECONÓMICO DEL GENOCIDIO ARGENTINO

Tres años despues del golpe en Chile, el 24 de marzo de 1976, la cúpula militar de Argentina lideró un golpe de Estado que se autodenominó «Proceso de Reorganización Nacional», aunque lo correcto hubiera sido *genocidio cívico militar argentino,* ya que durante su estancia en el poder se estima que por acción de las fuerzas militares y de seguridad de la dictadura y sus bandas paramilitares desaparecieron en torno a 30.000 personas. Esas desapariciones certificadas, que hoy niega la ultraderecha de ese país encabezada por Javier Milei, fueron el cojín de terror que reclamaba Friedman para aplicar sus teorías. Dadas las mismas condiciones sociales que en Chile, los militares argentinos no tuvieron dificultad para ejecutar las mismas políticas ultraliberales bajo el supuesto «achicar el Estado es agrandar la nación».

La Junta Militar designó ministro de Economía a José Alfredo Martínez de Hoz, quien estableció la apertura del mercado interno a la competencia exterior, eliminó los controles de precios, redujo los impuestos a las exportaciones, congeló los sueldos y salarios de empleados y trabajadores, y liberalizó el sistema financiero, mientras las tasas de interés se fijaban en función de la oferta y la demanda. En 1976 firmó un acuerdo con el Fondo Monetario Internacional (FMI), que incluía crear un mercado de cambio único y libre, lo que aceleró la inflación hasta el 160% en 1978 y redujo gravemente la capacidad de compra de la población asalariada. El fracaso de las políticas ultraliberales provocó, entre otros, elevadas tasas de intereses financieros que colapsaron la industria, la contracción de la economía del 3,2% en 1978 y, al siguiente año, una estampida de los depósitos bancarios que provocó la liquidación de los cuatro bancos más importantes de Argentina. El «milagro argentino» se saldó con el aumento de la deuda pública del país de 7.000 millones a 40.000 millones de dólares.

Cuando cayó la dictadura, este ministro de la iniquidad economisista fue llamado a responder ante la justicia por secuestros y asesinatos de empresarios y obreros; condenado por ellos, fue luego indultado por el presidente Carlos Saúl Menem, pero en 2006 ese indulto fue declarado nulo al considerarse que no puede aplicarse a delitos de lesa humanidad debidos al terrorismo de Estado implantado por el Gobierno *de facto*. En la misma causa estaban acusados los militares Rafael Videla y Albano Harguindeguy. Martínez de Hoz falleció cumpliendo prisión domiciliaria por su avanzada edad (87 años).

La adhesión de la Administración de Ronald Reagan y la de Margaret Thatcher a las teorías de Milton Friedman llevó a ambos Estados a situaciones de injusticia social y pobreza de los asalariados de las que aún no se han recuperado. Mientras tanto, el economista estadounidense era galardonado con la Medalla de la Libertad de Estados Unidos, la más alta condecoración civil de ese país, y recibía en 1976 el Nobel de Economía. Creemos que queda claro cuáles fueron sus servicios prestados a la humanidad.

LA VIEJA ECONOMÍA DE LA NUEVA ULTRADERECHA EUROPEA

Todos los desmanes que las teorías de Friedman produjeron en los pueblos en el siglo pasado son los que están proponiendo los nuevos ultraliberales en este siglo tanto en Europa como en algunos otros continentes, aunque con distintos matices y formulaciones adecuadas al público y a las tradiciones electorales de cada país.

Los especialistas Ángel Ferrero e Iván Gordillo presentaron el 27 de mayo de 2021 su informe titulado *El programa económico antisocial de la nueva derecha*, en el cual analizan los programas económicos de diez partidos representados en el Parlamento Europeo «en el espectro de lo que, a falta de un término más exacto, hemos llamado aquí "nueva derecha", aunque no rehusamos el debate terminológico», señalan. Son cinco partidos del grupo parlamentario Identidad y Democracia (ID) –Agrupación Nacional (RN), de Francia; la Liga, de Italia; Alternativa para Alemania (AfD); el Partido de la Libertad de Austria (FPÖ), e

Interés Flamenco (VB), de Bélgica–, cuatro del Grupo de los Conservadores y Reformistas Europeos (ECR) –Ley y Justicia (PiS), de Polonia; Vox, de España; Hermanos de Italia (FI); Demócratas de Succia (DI)– y el húngaro Fidesz, que en el momento del estudio se alineaba en el Partido Popular Europeo (PPE) y cuyos doce eurodiputados «hoy forman el mayor grupo dentro de los no inscritos a la espera de su incorporación a otro grupo, probablemente el de los Conservadores y Reformistas Europeos, o la creación de un grupo nuevo que fusione a los dos anteriores».

Algunas de las conclusiones de ese estudio son significativas y así son expuestas por los propios autores:

1) Las reformas fiscales que promueven la mayoría de los partidos consisten en reducciones radicales de impuestos (en algunos casos con el establecimiento de tipos únicos *[flat tax]* especialmente favorables a los contribuyentes de rentas altas y a las empresas). Acompañar estas medidas con promesas de aumento de las ayudas sociales o del mantenimiento del Estado de bienestar (educación, sanidad, etc.) es una de las contradicciones más evidentes. Con una caída tan pronunciada de los ingresos del Tesoro público, debida a las reducciones de impuestos anunciadas, cuesta ver cómo se podría seguir manteniendo el gasto público, incluso a los niveles actuales, con presupuestos recortados después de las medidas de austeridad de la década posterior a la crisis de 2010.

2) Por otro lado, se prometen contenciones del gasto público con la limitación o directamente la prohibición del acceso a las ayudas públicas y el Estado del bienestar de la población inmigrante, es decir, reservando ciertos derechos únicamente a la población nacional. Dejando de lado las consideraciones sobre la vulneración del principio de universalidad y el componente discriminatorio (y racista) de este tipo de medidas, en términos meramente contables se trataría de un ahorro del gasto público muy menor. Pero lo más relevante aquí es que la realidad desmiente este tipo de discursos.

3) Para acabar, destacar la que posiblemente sea la tercera gran contradicción. El proteccionismo, aparentemente patriótico, consiste en defender unas empresas nacionales favoreciendo su producción respecto de empresas extranjeras importadoras. Ya de entrada, la propiedad de las grandes empresas puede ser difícil de determinar o resultar muy difusa si recae en manos de grupos financieros inversores o grandes conglomerados bancarios, especialmente en el caso de empresas que cotizan en mercados bursátiles.

En lo referente a las pequeñas y medianas empresas y los autónomos, con medidas sobre todo basadas en descuentos de las cotizaciones, estas son limitadas o carecen de efecto «proteccionista» real. Sus primeras competidoras en muchos sectores, especialmente industria y servicios, son las mismas grandes empresas nacionales. En lo tocante a la competitividad internacional, aquí son más importantes los aspectos tecnológicos o la imposibilidad de competir con industrias de países con salarios muy inferiores y derechos laborales escasos. Por todo ello, las rebajas de las cotizaciones no pueden ser consideradas proteccionistas, en sentido estratégico, sino más bien favorables a los propietarios de las empresas, que ven reducirse los gastos en seguridad social. No se encuentran medidas "proteccionistas" del Estado del bienestar, ni un plan estratégico de transformación del modelo productivo hacia un modelo autocentrado, basado en la demanda interna y las necesidades sociales de la población. Por eso hablamos de patriotismo de postín, una pose meramente electoral y propagandística, que en el fondo esconde medidas favorables al capital y sus propietarios.

En sus conclusiones señalan:

La mayoría de los partidos aquí analizados presenta una ideología bastante elástica, no sólo en lo económico. Les facilita el trabajo un ecosistema mediático donde priman el sensacionalismo, la sobreabundancia de información y la inmediatez. Ya hemos visto con anterioridad a estos partidos dar un giro de 180 grados en sus posiciones. Han pasado del antisemitismo a presentarse como los más enardecidos defensores del Estado de Israel, y actualmente algunos de ellos están evolucionando en una dirección similar respecto a la Unión Europea después de haber sido durante años muy críticos con ella. Piénsese por un momento en el proceso de normalización en el que se encuentra la Liga en Italia, por ejemplo, que participa del Gobierno de Mario Draghi y cuyo vicesecretario federal y ministro de Desarrollo Económico, Giancarlo Giorgetti, se reunió en diciembre con Marian Wendt, diputado de la CDU en el Bundestag alemán, para conciliar posiciones económicas. El economista alemán Wolfgang Münchau especulaba hace unos días con la posibilidad de que Draghi acabe sucediendo a Sergio Mattarella como presidente de la República en enero de 2022, y bien Matteo Salvini, bien la presidenta de Hermanos de Italia, Giorgia Meloni, acaben en el puesto de primer ministro de Italia tras las elecciones de 2022. [Como así sucedió.]

Y, para terminar, un pronóstico: en los próximos años posiblemente veamos a los conservadores endurecer su discurso, a la ultraderecha moderarlo y a ambos encontrarse en algún punto del camino. O como decía el propio Münchau: «Algún día quizá nos demos cuenta de que todos pertenecen a una y la misma feliz familia»[9].

Sin embargo, pueden engañar a los obreros y gobernar

Veíamos que Milton Friedman basaba sus expectativas de aplicar sus teorías en la dictadura o en la crisis. Pues bien, los intereses del capitalismo y la miopía de los partidos conservadores democráticos están metiendo a Europa y América en esa

---

[9] [https://www.sinpermiso.info/textos/presentacion-en-el-programa-economico-antisocial-de-la-nueva-derecha-europea].

crisis facilitadora que lleva a los trabajadores a agarrarse a un clavo ardiendo y a creer en los cantos de sirena a quienes ya han perdido la conciencia de clase, asumen la falsedad de la igualdad de oportunidades de este sistema o se sienten tentados de aliviar su desencanto hallando un culpable más pobre que él para hacerlo responsable de su situación.

Si bien es cierto que sus modelos económicos difieren en algunos aspectos, solo en uno la diferencia es notable: el manejo del mercado. En este punto parece que hay una disyuntiva y se visualizan dos bloques diferenciados: por un lado, los partidarios del proteccionismo y del desarrollo del mercado interior con la incongruencia de defender al mismo tiempo la desregulación parcial de ese mercado, por otro, los defensores de un mercado totalmente libre con incentivos directos a la inversión extranjera.

En cualquiera de los casos, ambas fórmulas sólo piensan en la protección de los empresarios mediante una baja fiscalidad, el retroceso de los derechos de los trabajadores y una reducción drástica en gastos sociales (salud, educación, pensiones, asistencia social, etc.). Es fácil deducir que, como adoctrinaba Friedman, en democracia, estas políticas requieren para su implantación leyes liberticidas, sindicatos metidos en cintura y fuerzas de seguridad que se hagan con las calles.

El fracaso de las economías ultraliberales europeas a la vista

Si la crisis es necesaria para llegar a estos extremos económicos, no es menos cierto que las autoridades europeas y algunas mundiales (FMI, ME, BCE, etc.), más algunos dirigentes de ortodoxia conservadora como Christine Lagarde, les están facilitando las cosas a los planes de la nueva ultraderecha. La rigidez avara de los dirigentes conservadores se maneja con supuestos fracasados con respecto a cómo tratar las necesidades de la población sin irritar las desmedidas ganancias del gran capital internacional. Los hechos desmienten a diario la capacidad de las medidas europeas para mejorar la vida de su ciudadanía.

La obsesión por disminuir los costes de producción de las empresas continúa en una Europa donde ya se trabaja en precario con extrema frecuencia, pero se aumenta la presión sobre el mercado de trabajo bajo el supuesto de que aún hay margen para reducir o incluso congelar los programas de contratación de las Administraciones o facilitar el despido legal en la empresa privada en gran parte de sus países.

La disminución de la oferta de empleo y la creciente demanda del mismo producen una continuada bajada en los salarios, pero los economistas conservadores continúan creyendo que eso influirá en la contención de las tensiones inflacionistas, aunque las experiencias vividas de forma repetida desmientan este supuesto alimentado por los intereses de la parte más cruel de la sociedad.

Por lo mismo, estas prácticas y otras que están aplicando los políticos conservadores han facilitado que la ultraderecha haya llegado a gobernar en varios Estados de Europa bajo falsas promesas basadas en que las políticas de migración fomentan el paro u otras tonterías sin sustento. Por lo mismo, los Gobiernos de este populismo cruel están mostrando el fracaso de sus políticas económicas que quieren blanquear el agotamiento del sistema.

La mágica solución de la bajada de impuestos, que es la piedra talismán de los ultras frente al «Estado nos roba», no está surtiendo efecto en la economía italiana, con la ultraderecha de Giorgia Meloni al timón. Su medida de rebaja del IRPF, desde julio hasta finales de 2023, ha representado ya un recorte de 4000 millones para las arcas del Estado, pero insiste en seguir reduciendo la presión fiscal; mientras, termina con la «renta de ciudadanía», que desde 2019 ha evitado la pobreza a un millón de familias. En su lugar crea un sistema de ayuda para las personas de bajos salarios. El freno al crecimiento económico, según las previsiones de la OCDE, generará un desequilibrio del presupuesto del 4,1% respecto al PIB.

Mientras, Meloni anuncia una reforma laboral que «flexibilice» la contratación, algo que la Comisión Europea no ve con buenos ojos y que es una de las causas por la cual Italia tiene paralizado el tercer pago, de 19.000 millones de euros, del Plan de Recuperación. No se fían del «milagro italiano», que ya ha privatizado lo que quedaba de Ita Airways, la ex Alitalia.

La política fiscal que intentó en el Reino Unido en 2022 la primera ministra conservadora Liz Truss, provocó la depreciación de la libra hasta mínimos no vistos en los últimos cuarenta años, con lo que se encarecieron aún más las importaciones de petróleo o de gas, que se compran en dólares estadounidenses, al igual que todos los productos importados a pagar en euros o cualquier otra divisa apreciada. Esto derivó en el aumento de los intereses de la deuda pública, que, junto al anuncio de bajada de impuestos del Banco de Inglaterra, aceleró la inflación.

La lógica dimisión de la primera ministra británica, a los pocos meses de estas decisiones absurdas, no salvó a la economía del Reino Unido, para el cual la OCDE auguraba una inflación cercana al 7 % para 2023 y que su PIB apenas avance el 0,3 %[10].

EL DÍA QUE VIKTOR ORBÁN SE MORDIÓ LA LENGUA

Tras trece años en el poder, el mandatario húngaro Viktor Orbán se ha convertido en el mito inspirador de las ultraderechas europeas. En estos dos decenios largos, este recalcitrante retrógrado no ha retrocedido ni un centímetro en sus discursos xenófobos y homófobos.

Sin embargo, los resultados de sus errantes políticas económicas son dispares: durante algunos años consiguió disminuir la deuda pública y el paro se convirtió en falta de mano de obra, al tiempo que el PIB crecía de forma constante. Sin embargo, esas mejoras no mejoraron la calidad de vida del pueblo magiar, y en estos momentos el poder adquisitivo de los húngaros es uno de los más bajos de la UE, además de ser uno de los países de menor bienestar en su contexto regional.

Esto obligó a Orbán a contradecir su afan liberal y a fijar precios para productos como la gasolina y los alimentos básicos,

---

[10] [https://www.eldiario.es/economia/fracasos-economicos-gobiernos-derechas-europa-programa-pp-amenaza-repetir_1_10387322.html].

para evitar perder la fidelidad de sus electores. Sin embargo, la deserción fue alta.

En estos momentos, de una manera u otra, su partido, el Fidesz, está presente en todos los organismos reguladores, en la mayoría de los medios de comunicación, en las universidades, y los principales agentes económicos están bajo su influencia formal. Las ONG internacionales al igual que la UE han alertado a Hungría de sus riesgos de corrupción. Un íntimo amigo de Orbán, un empresario del gas llamado Lőrinc Mészáros, se ha convertido en la mayor fortuna húngara, mientras que el yerno del primer ministro es uno de los hombres más ricos. Uno y otro acaparan la contratación pública.

Uno de sus caballos de batalla ha sido culpar a la inmigración del paro húngaro y europeo. Durante la crisis migrante de 2015 exigió a la UE que no permitiera la entrada de migrantes, y Hungría implantó vallas de alambre de espino en su frontera sur. Al mismo tiempo, persiguió a los grupos humanitarios de ayuda a los refugiados a los que acusó de trabajar contra los intereses de Hungría, tanto que la Fundación Soros y la Universidad Centroeuropea se vieron obligadas a abandonar Budapest e instalarse en Berlín y Viena, respectivamente[11].

Lo que quizá Viktor Orbán no previó es que sus erráticas políticas económicas neoliberales dispararan la deuda pública a cifras de récord y que, con ello, los precios internos llevarían a muchos trabajadores a dejar el país. Se calcula que unos 700.000 húngaros lo abandonaron hacia países de Europa Occidental.

En 2023 se ha hecho acuciante la necesidad de desarrollar nuevos proyectos industriales y tecnológicos, y llegó el momento en que Viktor Orbán debió decir a los suyos que en los próximos años el país necesitaría crear medio millón de empleos y que debía admitir mano de obra extranjera.

Ákos Jáhny, director general de una empresa húngara de selección de personal, ha dicho a Euronews que, «debido a las crecientes demandas de inversión, las empresas establecidas en

---

[11] [https://es.euronews.com/2022/03/28/la-era-de-viktor-orban-o-el-controvertido-periodo-del-lider-del-fidesz-al-frente-del-ejecu].

suelo húngaro intentan, cada vez más, encontrar mano de obra en el extranjero», y que contrata a cientos de trabajadores, principalmente asiáticos, cada mes. Orbán los ha denominado «trabajadores invitados»[12].

En el mismo artículo donde se señalan estos datos, sus autores añaden: «Esta es una tendencia que preocupa al responsable de la Federación de Trabajadores de la Química de Hungría. Los salarios son los mismos para los trabajadores húngaros que para los de "terceros países". Pero […] como los empresarios tienen que pagar el alojamiento y la comida de los "trabajadores invitados", los húngaros salen perdiendo. Y eso dificulta mucho las negociaciones salariales».

EL ÚLTIMO ILUMINADO DE LA ECONOMÍA NEOLIBERAL

El político argentino Javier Milei, un economista de escaso fuste y encumbrado desde los platós de las tertulias televisivas, se ha convertido en el azote de la economía real y un fenómeno inexplicable para quienes no recuerdan la máxima de Milton Friedman de que, si se lleva a un pueblo a la crisis, terminará por no resistirse a los expolios, sea de sus libertades, de su cultura, de las vidas de sus semejantes o de todas ellas.

Quienes conocen algo de los últimos setenta años vividos por la ciudadanía argentina, se han preguntado más de una vez qué pasa en Argentina o cómo un país tan rico llegó incluso a quebrar. Sencillamente porque su martirologio lleva esos mismos años plagados de desatino y crueldad alimentado por un enfrentamiento interno abonado desde la alta burguesía, que nunca ha asimilado el cambio histórico que significó a mediados del siglo pasado el advenimiento del peronismo en un país que por entonces vivía sentado, al mismo tiempo, sobre las riquezas acumuladas y la miseria de más de la mitad de sus habitantes.

---

[12] [https://es.euronews.com/2023/09/21/entre-la-hostilidad-ante-el-extranjero-y-la-necesidad-de-mano-de-obra-en-hungria].

Desde entonces, Argentina ha pasado por repetidas crueldades, perversiones económicas y una angustia diaria por sobrevivir que ha llevado a la mayoría de la población a un egoísmo prepotente solo guiado, precisamente, a la supervivencia diaria de empresas y personas.

Este ha sido el caldo de cultivo necesario para que aflorara Javier Milei, de igual modo que las curas milagrosas de los curanderos son la luz imposible para los enfermos desahuciados de la vida. El pasado 2022, este economista participó en Madrid en un acto del partido español Vox, invitado junto a otros personajes de referencia de las derechas europeas. En su intervención habló sobre sus ideas económicas y cuestionó la «ideología de género, los pueblos originarios, la ecología y el lenguaje inclusivo» por considerar que estos elementos «destruyen los valores de la sociedad»[13].

En esos momentos, la coalición electoral La Libertad Avanza era una de las fórmulas que encabezaba las encuestas y tenía tantas posibilidades como las otras dos de llegar al poder en el país rioplatense. Su triunfo en las elecciones preliminares que contempla la ley electoral (Primarias, Abiertas, Simultáneas y Obligatorias, PASO) ha propiciado que exponga sus teorías con mayor fuerza pero dejando la misma incognita en cómo las aplicará, algo que es común a toda la ultraderecha.

Lo cierto es que continuó anunciando que reducirá drásticamente el gasto público, que simplificará el sistema tributario, que privatizará hasta eliminar a las empresas públicas y que suprimirá el Banco Central, que es del Estado. Todo esto, acompañado de la flexibilización del mercado laboral y la desregulación del mercado económico, y antes de avanzar hacia la medida estrella: la dolarización del país.

Partidario declarado de Donald Trump o Jair Bolsonaro, no es extraño que todas sus propuestas sean las mismas con las que ambos expresidentes colocaron contra las cuerdas las economías de sus respectivos países.

---

[13] [https://www.infobae.com/politica/2022/10/08/javier-milei-dio-un-discurso-en-espana-con-vox-la-ideologia-de-genero-y-el-lenguaje-inclusivo-destruyen-los-valores-de-la-sociedad/].

Milei asegura que técnicamente es factible dolarizar la economía argentina. Para eso, anunció que junto a sus asesores estaba «empezando a discutir el formato de proyecto de ley a enviar al Congreso para dolarizar» en caso de llegar a la presidencia. «Cuando hablo de quemar el Banco Central, no es una metáfora, lo quiero dinamitar, esto es literal. Es decir, hacerlo implosionar y que queden todos los escombros», dijo durante su campaña; hacer desaparecer esa entidad financiera estatal es para dejar de imprimir el peso (la moneda nacional) y que todas las transacciones se hagan en dólares.

Según explica la BBC, en un principio Milei proponía dolarizar en un plazo de dos años y medio, pero se anima a decir que lo hará en el menor tiempo posible, sin tener en cuenta que, según todos los economistas de algún prestigio, para esa drástica operación Argentina necesita alrededor de 40.000 millones de dólares, que no tiene.

Es sabido que ese país tiene la «habilidad» de que el FMI y otros buitres financieros internacionales siempre han estado dispuestos a otorgarles préstamos en dólares, incluso vulnerando sus normas, como hicieron en su momento con la dictadura de Videla o el incompetente Mauricio Macri; en ambos casos sabiendo que esa deuda nunca será saldada por las vías corrientes. El lector puede imaginar las varias respuestas posibles. Algunos economistas partidarios de Milei sostienen que esos 40.000 millones podrían llegar prestados del exterior. En su cuenta de la red social X, el propio Milei ha escrito: «Nosotros estuvimos avanzando en negociaciones, y ya conseguimos los dólares para dolarizar la economía al valor del dólar de mercado. Seguimos trabajando para resolver un gran problema de Argentina, que es la inflación». No ha dado más explicaciones sobre esa supuesta operación y en nombre de quién ha negociado ni con quién.

Si, como ya ha ocurrido más de una vez, Argentina no pudiera financiar los pagos de intereses o préstamos una vez más, el país entraría en una Gran Depresión. Milei suele poner como ejemplo para su dolarización la idéntica medida que tomó Ecuador en 2000 y que no fue su salvación, sino más bien lo contrario. Desde entonces ese país ha aumentado su endeudamiento a niveles de alto riesgo y, varias veces, por la falta de dinero para afrontar esas deudas, ha estado a punto del cese de pagos (*default*).

El estadounidense *Wall Street Journal* pondera las políticas anunciadas por Milei porque, asegura, permitirán «abrir mercados, recortar el gasto público, poner fin a los controles de capital y privatizar las empresas de propiedad del Estado», y «es posible» que la clase media argentina haya dejado de pensar que el sistema capitalista es quien «le roba el fruto de su trabajo».

Sin embargo, como no se habrá tomado ninguna medida al respecto, seguirá ocurriendo y Milei habrá de encontrar quién o quiénes serán los culpables de la miseria que viene auspiciada por un mercado libérrimo en el cual, según el propio candidato, sobran las organizaciones obreras, tanto la sanidad como la educación dejarán de ser gratuitas y quedarán en manos de empresas privadas –aunque el Estado subvencionará a quien no se las pueda pagar–, y las empresas industriales diseñarán los planes de desarrollo del país.

Milei hace proclamas fogosas y agita como un poseso una sierra mecánica con la cual promete eliminar toda oposición a sus ideas; sus partidarios lo aplauden fervorosos como si se tratara de un congreso de *hooligans.* Mientras, sus opositores se burlan de su actitud histriónica y de sus amenazas de retroceso social y cultural para Argentina. Muchos alemanes hicieron idénticas burlas a Hitler y sus comparsas dramatizadas en los primeros años del nazismo; esas risas se convirtieron en llantos cuando el mismo megalómano los llevó a una guerra que destruyó el país y media Europa.

CAPÍTULO X

EL PRIMER GOBIERNO DE
LA *ULTRADERECHA LIBERTARIA*

El 10 de diciembre de 2023, el ultraderechista Javier Milei llegó a la presidencia de la República Argentina. Como ya señalamos en otra parte de este trabajo, muchas personas exculpan su apoyo o voto a los partidos políticos de ultraderecha con el supuesto de que gran parte de sus proclamas preelectorales altisonantes no se harán realidad y que, si se diera el caso de su llegada al poder, no las aplicarían.

Estas afirmaciones solo han sido ciertas en algunos países europeos donde la existencia de monitoreos o regulaciones de la UE pueden evitarlo o cerrarle puertas de financiación por esos procederes, como ha ocurrido con la Administración de Giorgia Meloni en Italia. No es así, por ejemplo, en España, donde el acceso de la ultraderecha a varios gobiernos locales se ha manifestado de inmediato en reformas y decretos destinados a perseguir a determinados colectivos o recortar libertades.

En el aspecto económico está sirviendo de claro ejemplo de sus intenciones la debacle de las libertades que se está produciendo en Argentina con la llegada de Javier Milei a la Casa Rosada.

REFORMAS CON LIBERTADES DEMOCRÁTICAS EN SUSPENSO

Las primeras medidas económicas que están conmoviendo a ese país demuestran, una vez más, que, para ser implantadas, las teorías neoliberales exigen de manera necesaria recortar las libertades democráticas, tal como ya había ocurrido en las dictaduras de Pinochet, Videla o Bolsonaro, y como señalaba el creador de este ideario: Milton Friedman.

Argentina ha dado un salto más largo y ha inaugurado el primer gobierno mundial de la *ultraderecha libertaria,* que bien podemos definir como la del capitalismo rabioso; las afirmaciones de Milei de que la justicia social es una aberración, que es injusta o un acto de envidia deberían haber advertido al electorado argentino.

La teoría de que la minimización de los poderes del Estado conduce a la libertad de los gobernados ha llevado indefectiblemente a la desregulación de los derechos y a la imposición de la ley de la selva donde se impone el más fuerte; es decir, la deshumanización y/o cosificación de las personas[1].

Quizá pudiera haber servido de anticipo de las intenciones del nuevo presidente argentino una mención hecha en su discurso de investidura, que, rompiendo un protocolo histórico, no fue ante los legisladores electos sino a las puertas del Congreso, en claro estilo Donald Trump.

Desde allí Milei describió un duro panorama económico y advirtió a los argentinos de que los próximos meses serán de más inflación y más pobreza, agitó el fantasma del pánico económico y advirtió en ese primer mensaje a la nación de un recorte de 20.000 millones en el sector público y de un empeoramiento de la situación en el corto plazo. Entre esos presagios destacó su mensaje a la seguridad y el orden: «Nuestras fuerzas de seguridad han sido humilladas durante décadas, han sido abandonadas por una clase política que les ha dado la espalda a quienes nos cuidan»[2].

UN GENOCIDA COMO REFERENTE DE MILEI

La mención de Milei que nos ocupa es la siguiente: «Roca fue uno de los mejores presidentes argentinos», una frase que fue descuidada por la mayoría de los oyentes, ya que no muchos

---

[1] [https://fppchile.org/milton-friedman-y-el-triunfo-de-milei/].
[2] [https://elpais.com/argentina/2023-12-10/el-primer-discurso-de-javier-milei-como-presidente-de-argentina-en-12-frases.html].

dentro de Argentina saben quién fue el tal Roca –figura, por supuesto, cuasi ignorada fuera de ese país–. El mencionado fue el general Julio Argentino Roca, que se desempeñó como presidente de Argentina en dos periodos (1880-1886 y 1898-1904). Liberal en cuestiones económicas pero conservador en materia política, pertenecía al Partido Autonomista Nacional (PAN), que lideraba y al cual mantuvo en el poder durante treinta años gracias al fraude y la manipulación electoral que se vivió en Argentina hasta casi mediados del siglo XX. En el periodo *roquista,* el control del poder político estuvo en unas pocas manos de conservadores que se resistían a medidas como la implantación del sufragio universal secreto y obligatorio.

Roca había participado en la llamada Guerra de la Triple Alianza, librada por los aliados (Brasil, Uruguay y Argentina) bajo auspicio europeo para exterminar a Paraguay. Este país aspiraba a crear una Unión Americana para liberar la economía sudamericana de la dependencia europea. De esa gesta heroica, el general Roca pasó a convertirse en la pieza necesaria para consolidar la autoridad del Estado en todo el territorio mediante la extirpación de los gobiernos provinciales (*montoneros*) y llevando al país hacia un falso Estado federal.

Para cumplir con este propósito, el general Roca lideró el proyecto conocido como *Conquista del Desierto*, que fue una serie de estratégicas campañas militares para despojar de sus tierras a los pueblos originarios que habitaban la Patagonia y parte de la pampa. Esta campaña por un *desierto* habitado venía siendo reclamada por los ganaderos organizados en la Sociedad Rural Argentina, que fueron quienes financiaron el proyecto.

Roca explicó ante el Congreso Nacional, el 13 de septiembre de 1878, su proyecto de *absorción* y *asimilación* de los pueblos que habitaban el supuesto desierto: «Tenemos seis mil soldados armados con los últimos inventos modernos de la guerra, para oponerlos a dos mil indios que no tienen otra defensa que la dispersión ni otras armas que la lanza primitiva».

El expolio y asesinato de pueblos originarios

En efecto, el ejército argentino casi exterminó a las comunidades pampa, mapuche y tehuelche, y, como documenta el Grupo Universitario de Investigación en Antropología Social (GUIAS) de la Facultad de Ciencias Naturales y Museo de la Universidad Nacional de La Plata, las despojó de sus tierras y sometió a los sobrevivientes a la pérdida de su identidad, ya que fueron deportados a reservas indias en otros espacios o trasladados para servir como mano de obra forzada[3]. Por su parte, el Estado pudo disponer de más de 41.000.000 de hectáreas de enorme capacidad para la producción agraria que supuestamente estarían destinadas a los agricultores inmigrantes europeos, pero no fue así. Todo ese inmenso territorio se vendió a muy bajo precio a miembros de la Sociedad Rural Argentina y unos 541 terratenientes se constituyeron en los propietarios de los grandes latifundios de esas ricas pampas. De este modo se estructuró la equivocada identidad del país agrícola-ganadero al que en 1976 reclamaba volver José Alfredo *Joe* Martínez de Hoz como ministro de Economía de la dictadura del general Videla.

Nuevos historiadores hablan de aquella *Campaña* o *Conquista del Desierto* como un crimen de lesa humanidad dirigido por el general que admira Javier Milei y que encarna el ideario de la ultraderecha nativista.

Las reformas de la economía libertaria

En menos de un mes, el pueblo argentino se ha enfrentado a duras reformas que, en pro de esa supuesta libertad, pretende imponer como primer paso la supremacía del Poder Ejecutivo sobre el Legislativo y Judicial para poder implantar sus teorías mediante decretos.

---

[3] [https://bibpublicaunlp.wordpress.com/2011/09/12/antropologia-del-genocidio/], [https://colectivoguias.blogspot.com/], [https://www.izquierdadiario.es/La-Campana-al-Desierto-conquista-y-robo].

En su segunda decisión, el propio jefe del Estado dio a conocer los detalles de un polémico «decreto de necesidad y urgencia» (DNU) con el que pretende modificar o derogar 366 leyes que regulaban diversos sectores que, en toda economía sana, deben ser protegidos para evitar la especulación comercial, que, por sistema, empobrece a la población de menos recursos económicos.

Por fin, en su tercera semana en el poder, el líder de La Libertad Avanza ha enviado al Congreso de la Nación su proyecto bajo el pomposo y extenso título de *Ley de Bases y Puntos de Partida para la Libertad de los Argentinos*[4].

En realidad, el envío del proyecto de ley a los legisladores es una formalidad retorcida, ya que ese mismo documento en una de sus propuestas pretende que se «haga efectiva la delegación legislativa prevista en el artículo 76 de la Constitución Nacional, declarando la emergencia pública en materia económica, financiera, fiscal, previsional, de seguridad, defensa, tarifaria, energética, sanitaria, administrativa y social hasta el 31 de diciembre de 2025», lo que implicaría que se delegarían las facultades legislativas al Poder Ejecutivo en todos los ámbitos mencionados.

«Las normas que se dicten en el ejercicio de esta delegación serán permanentes, excepto cuando la naturaleza de la medida determine su carácter transitorio y así se lo disponga en forma expresa», añade en su texto.

SEISCIENTAS FORMAS DE EMPOBRECER AL PUEBLO

Entre sus más de seiscientos artículos, la nueva ley propuesta dispone:

- Suprimir, en la práctica, el derecho de huelga y la libertad de manifestación pública, disponiendo de hasta seis años de privación de libertad para los promotores de protestas sociales.

---

4 [https://www.lanacion.com.ar/politica/el-texto-completo-del-dnu-que-anuncio-javier-milei-nid21122023/].

- Declaración del estado emergencia, que «podrá ser prorrogado por el Poder Ejecutivo nacional por el plazo máximo de DOS (2) años». En suma, que, por la puerta de atrás y apelando a este «podrá», el nuevo Gobierno se garantiza la dictadura del Ejecutivo para los cuatro años previstos de gobierno de Milei.
- Capacidad sin límite de endeudarse en moneda extranjera, tanto como la libre elección de moneda para el pago de los salarios o del alquiler de vivienda, combustibles a precios de mercado internacional, privatizaciones y extinción del régimen único para la venta de libros son parte de la ley.
- La enajenación de bienes del Estado abarcaría hasta 41 empresas y organismos, que ya han sido anunciados y entre los que destacan Agua y Saneamientos Argentinos (Aysa) –que es la encargada de proveer los servicios de agua y cloacas para la ciudad de Buenos Aires y 26 conglomerados del conurbano bonaerense–; el Banco Nación, emisor de la moneda nacional; la extractiva histórica Yacimientos Petrolíferos Fiscales (YPF), propietaria del yacimiento de Vaca Muerta; el Correo Argentino; Energía Argentina Sociedad Anónima (ENARSA), dedicada al estudio, explotación, transporte, almacenaje, distribución, comercialización e industrialización de todo el mercado energético; la agencia de comunicación pública Télam; todos los medios audiovisuales públicos, y Aerolíneas Argentinas.
- En lo cultural, este paquete de reformas dispone, entre otros, el cierre del Instituto Nacional del Teatro (INT) y del Fondo Nacional de las Artes (FNA), así como la retirada de la financiación al Instituto Nacional de Cine y Artes Audiovisuales (INCAA), al Instituto Nacional de la Música (Inamu) y a la Comisión Nacional de Bibliotecas Populares (Conabip). Todo lo cual supone la retirada del apoyo estatal a las becas para artistas emergentes, obras de teatro independientes y bibliotecas populares en los barrios que sin esas ayudas podrían dejar de existir.

Para conseguir esto en Chile, la ultraderecha debió cometer un genocidio; en Argentina se lo han permitido desde las urnas electorales, y en lo inmediato ya podemos confirmar que la tremenda devaluación de la moneda está provocando la pobreza en la clase media y la pauperización de los más pobres.

Esta situación, como era de esperar, ha provocado la movilización de los obreros y se han declarado huelgas, cortes de carreteras y ocupación de empresas junto a otras formas de protesta a los que el Gobierno de la *ultraderecha libertaria* responde con la articulación de un protocolo de activación de todas las fuerzas de seguridad, que ya hemos comentado, y la premonición de Milei, que asegura que, si el pueblo abraza sus ideas, «no sólo vamos a poder solucionar los problemas de hoy, sino que dentro de treinta y cinco años volveremos a ser una potencia mundial. Venimos a hacer las cosas que la historia ha demostrado que funcionan».

Toca decirle aquello de «largo me lo fiáis, amigo Sancho...», y, en cuanto a su última afirmación, señalar su falsedad. Las economías de choque y austeridad que recomienda su mentor Milton Friedman sólo han funcionado como generadoras de miseria y dependencia.

Una *fake news* más de la ultraderecha.

CAPÍTULO XI

LA PESTE NO SE COMBATE, SE PREVIENE

Estimamos que una de las mayores dificultades para contribuir a alejar de nuestras sociedades la extrema derecha con su carga de crueldades e injusticias es impedir su penetración en nuestras vidas y aprender a reconocerla en sus variadas versiones. También es clave saber distinguirla del eterno fantasma del fascismo, el nacionalsocialismo o todos los -*ismos* totalitarios que ha conocido la humanidad. Lo más importante es tomar conciencia del riesgo que representan para la sociedad contemporánea y sus valores.

Hemos repasado en los capítulos anteriores muchas de las características de su estrategia discursiva, que, pese a todo, están calando en nuestra sociedad. Su identificación es clave para dar pie a una respuesta adecuada por parte de quienes creen y desean vivir en una sociedad democrática, a pesar de sus desaciertos. En las próximas páginas resumiremos los elementos esenciales de una acción efectiva y no puramente reactiva frente a la reproducción de los discursos de odio y a la amenaza real de la pérdida de derechos y libertades.

Defenderemos aquí la idea de que la extrema derecha no se combate, sino que se cura. Son otras las herramientas que precisamos para dejar de percibirla como un peligro impuesto desde fuera y verla como una dolencia latente que se torna tanto más violenta cuanto más se la incuba con mirada condescendiente. Y, en este estadio de latencia observada, no hay ni medidas de prevención ni estrategias de contraataque que valgan. La peste está ahí y mata. Por eso, antes que creer ilusamente que basta con matarla mordiendo a la rata, tenemos que ver el modo de curarla cuidándonos.

Durante las crisis, la desinformación y la mentira se propagan fácilmente. Así lo entendió en su momento Joseph Goebbels. Ahora con las herramientas digitales se pueden propagar y se propagan a un ritmo alarmante, especialmente en las redes sociales. Sea cual sea la plataforma (X, Facebook, Instagram, TikTok, WhatsApp, Telegram, etc.), a través de todas ellas la derecha difunde sus *fake news*. En líneas generales, si quienes nos las hacen llegar son personas de nuestra confianza, conviene explicarles con argumentos bien fundamentados que esa información es falsa y que conviene dejar de consultar esa fuente, ya que se dedica a desinformarnos.

Además, se les puede explicar que existen distintas webs que informan con precisión sobre cómo evitar esas noticias falsas. Una de esas herramientas la facilita la Comisión Europea: «Cómo combatir las *fake news*»[1].

Por otro lado, conviene adoptar una postura crítica ante la información que nos reafirma en nuestras creencias preestablecidas. Siempre deberíamos contrastar los hechos con otras fuentes antes de compartirla.

Con frecuencia, las noticias que parecen inverosímiles suelen ser falsas; estas suelen viralizarse y las fotos, las grabaciones de audio y los vídeos pueden ser reeditados para intentar engañarnos. El hecho de que un mensaje se comparta muchas veces no lo hace cierto.

Cuando una historia se publica en varios sitios pero a través de fuentes confiables, hay más probabilidades de que sea cierta: si tenemos dudas sobre la verdad de su contenido, podemos consultar portales de verificadores de datos como estos:

- MALDITA.ES: entidad sin ánimo de lucro fundada a finales de 2016 y que en los últimos años ha expandido su proyecto con nuevas marcas como Maldita Hemeroteca, Maldita Ciencia o Maldito Dato.

---

[1] [https://spain.representation.ec.europa.eu/noticias-eventos/noticias-0/como-combatir-las-fake-news-2022-02-28_es].

- EFE VERIFICA: lanzado en 2019 por la Agencia EFE. Forma parte de la estrategia corporativa para consolidar su posición como agencia líder de la información en español. Además de por las buenas prácticas y códigos deontológicos, se rigen por su Estatuto de Redacción.
- VERIFICAT: única entidad de verificación de informaciones en catalán. Su forma jurídica es la de asociación sin ánimo de lucro. Surgió en 2019 para verificar la campaña electoral a la alcaldía de Barcelona.
- RTVE VERIFICA: la radiotelevisión pública española lanzó en 2020 su propio portal de verificación de noticias. Su trabajo se desarrolla bajo una estrategia transmedia que expande su verificación a sus canales y programas informativos de radio y televisión.
- A escala internacional, se puede acceder a una lista de verificadores de datos a través del FACT-CHECKING NETWORK. A escala local existen también agentes como la RED ANTIRRUMORES, iniciada en 2010 en Barcelona y que hoy se halla también en otras ciudades como Sabadell, Mollet del Vallés, Lleida o en el Alt Urgell, así como en varias ciudades de Euskadi, La Rioja y Aragón, entre otros lugares. Estas redes son un servicio público que básicamente se dedica a rebatir el discurso del odio difundido a través de las *fake news*; a la vez, potencian la visión de la diversidad como una riqueza y explican a la ciudadanía por qué la migración no constituye un peligro.

Al final de este capítulo aportamos un listado con los enlaces a las entidades verificadoras que acabamos de mencionar. Conviene visitarlas.

SOLOS ANTE EL BLANQUEO DE SUS INTENCIONES

Los medios de comunicación, como hemos visto, responden a sus propios intereses económicos y muchos de ellos no reparan en el riesgo de blanquear los gestos de la ultraderecha e incluso sus intenciones. Esto conlleva que se acaben normalizando, quizá por desaprensión y/o ignorancia, discursos que en muchas sociedades democráticas estarían penados por incitar al odio. Conviene saber escoger los medios que leemos o escuchamos, y, al acceder a la información que ofrecen, atender a datos como la trayectoria de la autora o autor, y las fuentes que menciona. Tenemos que desconfiar si una información no tiene autoría, si no menciona fuente alguna y si no da fechas de los datos con los que se ilustra la noticia[2].

Es importante diferenciar la buena y la mala información, así como el periodismo al servicio de unos intereses y el periodismo riguroso con vocación de servicio público. Convertir en noticia las declaraciones puras y duras de personajes como Salvini, Milei o Trump sin aportar contextualización alguna ni comprobar que los datos aportados sean reales no son indicadores de responsabilidad ni de profesionalidad. Si, además, la o el periodista sabe que las declaraciones de cualquier persona están basadas en mentiras, tiene la obligación de señalárselo, así como de indicar a su público que esos datos no son reales o que son manipulados. Si un medio o periodista no actúa así, hagamos nuestro propio cordón sanitario y dejémoslo fuera de nuestro listado de referentes informativos.

La utilización de la libertad de expresión como una coartada para la mentira y la difamación no se debe admitir bajo ningún concepto. Tenemos marcos normativos dirigidos a combatir los discursos de odio. En algunos países, como Alemania, la implementación de la legislación es de tal eficacia que no da pie a marcos interpretativos amplios ni laxos. En otros contextos, como el de nuestra realidad más próxima, seguimos faltos de herramientas y mecanismos para que la legislación existente combata de forma eficaz los discursos de odio. No podemos pretender que la extrema derecha deje de lanzar mensajes xenófobos o lgtbifóbicos si el sistema jurídico circundante se dedica a amparar su derecho a la libre expresión antes que a garantizar los derechos humanos.

---

[2] [https://www.newtral.es/que-es-qanon/20230104/].

Por otro lado, nuestras instituciones locales, nacionales o supranacionales deben responsabilizarse de tomar la iniciativa en la obligación de preservar a la población de la intoxicación informativa y del mal uso de los datos. Gran parte de la responsabilidad de los Gobiernos, también a escala europea, está en regular los derechos y deberes vinculados con la obtención, uso y divulgación de datos e información. Las autoridades competentes van por detrás de la acción de las grandes plataformas tecnológicas, que son quienes verdaderamente imponen sus reglas en el sector, puesto que los datos y la información son hoy en día activos de altísimo valor en los mercados. La vulneración de los derechos a la información y a la comunicación de la ciudadanía debe corregirse obligando a estas empresas (que ya se han hecho con el control de la estructura de medios de comunicación y redes sociales) a cumplir con la regulación que dicten los poderes públicos al respecto.

QUE SE SEPA QUIÉNES SON Y DE DÓNDE VIENEN

Una herramienta que puede ser útil para frenar la penetración del mensaje de la ultraderecha es hacer pública la condición de sus dirigentes y explicar cuáles son sus intereses y sus antecedentes políticos. Muchos de estos *neopolíticos* aparentan surgir de la nada, quieren aparecer como personajes sin ideología anterior y venden esta presunta condición apolítica como un valor ético. Manifiestan que nunca les interesó la política y que son ciudadanos «blancos», que han sido impulsados a dar el salto a asumir responsabilidades de representación y entrar en las Administraciones públicas por la corrupción del sistema democrático.

Esto es falso en la mayoría de los casos. Casi todos ellos ocultan una trayectoria derechista, algo que se puso en evidencia con las últimas elecciones celebradas en España, en las que los candidatos de Vox dejaron de ser «desconocidos» y fueron sometidos a una rápida investigación periodística que reveló que se trataba de personas de larga militancia en el fascismo local o en grupúsculos ultras.

El *outing*, como concepto, surgió como una especie de *Who is Who* dentro del movimiento LGTBIQ+. Sirvió para visibilizar la presencia de personas del colectivo dentro de las instituciones de Estados Unidos o en el ámbito de la cultura o de los espectáculos. No obstante, la idea subyacente de la práctica del *outing* es también una herramienta para defender la democracia ante quienes atentan contra ella o niegan los estragos de la ultraderecha. De hecho, comenzó a utilizarse en Alemania tras la Segunda Guerra Mundial del siglo XX para dar a conocer y señalar a los nazis *emboscados* en las empresas estratégicas, en la Administración y en partidos políticos conservadores. Los activistas alemanes contra el nazismo y sus nuevas formaciones siguen revelando quiénes son y cuáles las actividades ultras mediante hojas informativas que distribuyen en el vecindario que habitan, en las inmediaciones de sus lugares de trabajo o a través de internet.

IT'S THE ECONOMY, STUPID[3]

La extrema derecha es, sobre todo, un movimiento que focaliza sus esfuerzos en convertir el tema de la convivencia social y cultural en material sensible. Por eso les importa poner en escena de manera efectista cuestiones como la identidad nacional, los roles de género, el papel de la familia y la seguridad ciudadana. La razón de que hagan de estos sus temas favoritos es que la percepción de los mismos emana de una mezcla de prejuicios y doctrina moral, cosa que permite apelar a respuestas emocionales que pueden sostenerse sin base alguna y manipularse a través de las redes sociales. Discutir si el castellano es una lengua en vías de extinción, si las personas provenientes de África son un peligro para la paz social, si la identidad transgénero es una enfermedad o si la multiculturalidad nos hace más vulnerables (no se sabe ante quiénes) es un debate a todas luces

---

[3] Esta frase fue acuñada por James Carville, estratega de la campaña electoral que llevó a Bill Clinton a la presidencia de Estados Unidos en 1992.

vacío que, sin embargo, moviliza a los menos informados y les permite sostenerse sin mayores fundamentos sobre lo que apenas conocen. Sobre todo, y aquí está el *quid* de la cuestión, les permite elevar prejuicios perversos al rango de valores sociales. Para agitar sentimientos de este tipo, la extrema derecha no necesita generar argumentos fundamentados. Le basta con mantener la mentira.

Los temas económicos configuran otro tipo de material sensible. No son secundarios para la ultraderecha, pero no le interesa incluirlos en el primer plano de su argumentario. No le resultan útiles porque es difícil conseguir quienes se crean las mentiras fáciles en este ámbito. Por ello se permite tratarlos solamente desde la desinformación y se limita a dar soluciones vulgares y sin calado. Decir que el Estado nos roba, que hay que bajar los impuestos o que hay que privatizar los servicios públicos implica una banalización deseada, pues no exige explicar con precisión las bases y consecuencias de tales propuestas. No puede explicar cómo ejecutará sus proyectos económicos sin poner en entredicho los derechos básicos ya conquistados, como la gratuidad de la enseñanza, la sanidad universal y gratuita, los transportes públicos a precios populares o las pensiones de las personas mayores. Ni Salvini ni Le Pen ni siquiera Abascal se atreven a decir la verdad y defender las recetas ultraliberales con las que Javier Milei asegura sin tapujos que va a *salvar el país* argentino: desmantelando el Estado y confiando la suerte de sus conciudadanos a los intereses legítimos de la empresa privada.

A quien defienda estas consignas de la extrema derecha sin analizar lo que hay detrás, se le debe señalar que si no hablan de economía con más detalle es porque sus intereses están al servicio de *lobbies* económicos de gran poder, con matices según los países. No es solamente que no haya interés en hacerlo público, sino que –además–, si la extrema derecha hablara sólo de economía, no despertaría tantas pasiones como las que despierta hablando de la identidad nacional.

SE TRATA DE UN FENÓMENO GLOBAL QUE REQUIERE DE UNA RESPUESTA GLOBAL

Para hablar de la extrema derecha, a día de hoy es imprescindible entender que se trata de un fenómeno global. Para ello es necesario saber qué rasgos de su organización y qué modos de operar son comunes en distintos países del mundo. Acontecimientos como el trumpismo, el bolsonarismo, Vox en España, Alternativa para Alemania, La Libertad Avanza en Argentina, Fratelli d'Italia y el resto de formaciones que conforman el espectro ultraderechista actual tienen ciertamente sus especificidades contextuales, pero comparten algunos rasgos que los diferencian de la diversidad de fascismos de entreguerras y de los neofascismos de la segunda mitad del siglo pasado.

En su manual de instrucciones para combatir a la extrema derecha, Steven Forti[4] señala que, a pesar de que su actual expresión mantenga muchas de las ideas fuerza de su narrativa original (como el ultranacionalismo, el tacticismo, el discurso de odio hacia la otredad), podemos calificarla de fenómeno distinto y radicalmente nuevo. Uno de los aspectos fundamentales de esta distinción son las vías de su expansión en la actual sociedad digital, por lo que el autor bautiza los movimientos de la derecha radical como «extrema derecha 2.0». Ciertamente, su uso de las redes sociales como vehículo de expresión la ha convertido en un fenómeno de naturaleza global y de capacidad de expansión sin precedentes.

Los nuevos rasgos de la actual ultraderecha de escala planetaria obligan, por tanto, a una nueva forma de posicionarse frente a ella. El mundo ha cambiado desde Mussolini, y ello nos obliga a adoptar una visión más amplia del problema y dar respuestas que abarquen la misma escala internacional. A nuestro entender, el espacio desde donde afrontar ese reto es el de la defensa de los derechos de las personas y los valores democráticos. A pesar de las frustraciones que pueden habernos producido y nos producen las Administraciones nacionales, europeas o

---

[4] Forti, *Extrema derecha 2.0,* cit.

las organizaciones internacionales, no podemos dejar de reconocer que tenemos la suerte de vivir en un periodo de la historia donde el derecho constitucional, los convenios y los tratados entre distintos países han alcanzado un alto grado de desarrollo en materia de reconocimiento de los derechos humanos.

Las fuerzas de ultraderecha tratan de convencernos de que estos estamentos no pueden estar por encima de los marcos normativos nacionales; de hecho, en algunos países como Hungría, Polonia o Turquía ya se han dado pasos de retroceso con la derogación de leyes consideradas contrarias a, por ejemplo, la moral nacional y/o religiosa. No debemos dejar de exigir a las instituciones supranacionales que velen por la calidad de las herramientas necesarias para actuar frente a Gobiernos que no respeten los derechos universales de su ciudadanía. Estas mismas instituciones deben reconsiderar los criterios que han abierto sus puertas a las fuerzas de la extrema derecha y exigir a los partidos democráticos, en lo internacional y en lo local, que cumplan con la obligación de defender los derechos de las personas.

Con seguridad, podemos estar de acuerdo en que las garantías alcanzadas son insuficientes, pero mucho peor estaríamos sin ellas o si intentáramos avanzar en democracia aceptando como compañeras legítimas de viaje a las proclamas neofascistas, con sus teorías de nacionalismo ultramontano. Un mayor análisis de la jurisprudencia a escala internacional y reconocer de forma tenaz el trabajo de los organismos internacionales en materia de derechos humanos pueden poner freno a la involución histórica que pretende la ultraderecha.

APELAR A LOS VALORES DE LA JUSTICIA ES URGENTE Y NECESARIO

En los países democráticos se debe promover la investigación de las conductas antidemocráticas y de las prácticas ilegales o alegales de las formaciones de ultraderecha. La denuncia ante la justicia debe dejar de ser un viacrucis para los ciudadanos, a la vez que debe facilitar la tarea de las y los profesionales del ámbito jurídico (abogadas, juezas, magistradas) con conciencia de la naturaleza de la ultraderecha y rigurosidad en la defensa de los derechos de la ciudadanía. Si el redactado de las leyes lo permite (como es el caso de la mayoría de marcos normativos de las sociedades democráticas), no debería haber margen para interpretaciones que menoscaben la posibilidad real de aplicación de medidas. No debería haber dudas a la hora de llevar ante los tribunales a personas con pertenencia demostrada a organizaciones que promueven la violencia y el odio. Ante declaraciones provocadoramente xenófobas, misóginas, lgtbifóbicas o aporofóbicas, la justicia no debería dar pie a interpretar que exista una línea que separa la violencia del discurso del odio de la propia incitación a la violencia. Tampoco debería recurrir a subterfugios para emitir condenas firmes.

En Europa tenemos dos ejemplos notables de cómo la acción de la justicia acabó con organizaciones como Casa Pound en Italia y Amanecer Dorado en Grecia. La primera de estas agrupaciones, formulada como un movimiento político fascista y de extrema derecha, comenzó centrándose en la reivindicación de la vivienda ocupando pisos vacíos y se extendió a otros reclamos como su oposición a la población migrante, bloqueo de los productos provenientes de países con salarios más bajos que los italianos, nacionalización de la banca, la salida del euro y contra la financiación pública de los partidos políticos. Más conocidos como *okupas de derechas*, fue precisamente por esa actividad que el colectivo pudo ser denunciado como organización criminal en diferentes municipios italianos y la justicia pudo admitir a trámite la denuncia y emitir finalmente un veredicto inculpatorio.

Las andanzas de Amanecer Dorado también tuvieron un final dictado por los tribunales. Ya en septiembre de 2013 se admitió a trámite la investigación del asesinato del músico antifascista Pavlos Fyssas. Fueron arrestados una cincuentena de miembros de la organización acusados de organización criminal, entre ellos su líder Nikolaos Michaloliakos. Sobre él y seis exdiputados pesaba la denuncia de tenencia ilícita de armas.

El 7 de octubre de 2020, el Tribunal de Apelaciones de Atenas declaró demostrada su implicación en actos violentos con explosivos, agresiones físicas sistemáticas, intentos de asesinato y asesinatos de inmigrantes y militantes de izquierdas. La sentencia determinó que el partido era una organización criminal y condenó a su cúpula y al resto de procesados a cadena perpetua.

EL DERECHO/OBLIGACIÓN DE UNA INFORMACIÓN SIN MENTIRAS

Como hemos visto páginas atrás, los medios de comunicación, en general, y por acción o negligencia, tienen una parte nada desdeñable de responsabilidad en el avance de la extrema derecha, al convertirse consciente o inconscientemente en altavoces de sus discursos. La extrema derecha utiliza este mismo argumento de la falta de rigor para cargar contra aquellos medios que han apostado por la defensa clara de los valores de la democracia y la deontología periodística, pero lo cierto es que este ataque cae sobre terreno abonado por el propio sector. La mayoría de los grandes medios comerciales se niegan a reconocer que hay una parte de su cometido que legalmente se debe a la prestación de un servicio público, y se quedan solamente con el atributo que les confiere desarrollar una «explotación privada» de su actividad. En este tipo de medios se genera una actividad profesional que confunde la comprensión de la naturaleza de la información como derecho ciudadano y la vende como propiedad de quien la divulga. Este modelo de entender la empresa periodística da cabida tanto a la publicidad de la extrema derecha como a sus noticias falsas, recibiendo el mismo tratamiento que cualquier otra información si ello favorece los intereses comerciales de la difusión del medio.

Por otro lado, la mayoría de periodistas hacen un ejercicio contemplativo de las declaraciones provenientes de la derecha radical y, casi siempre sin pretenderlo, dan certificado de veracidad a las *fake news* que emanan de esos discursos. Lo correcto sería que los medios respetaran su obligación deontológica de contrastar las informaciones y velar por el derecho a la verdad de la ciudadanía. En el caso concreto de España, la exigencia de una regulación de la información es repudiada por los grandes medios y gran parte del periodismo, al tiempo que es defendida con la boca pequeña por parlamentarios y legisladores. El hecho es que todo intento de avanzar hacia un amparo legal de la responsabilidad informativa ha fracasado. Es importante no cejar en el empeño y saber que muchas organizaciones de periodistas están realizando una importante labor en este sentido, tanto a nivel estatal como internacional. No obstante, es también preciso que adquiramos conciencia del derecho a la información como sociedad, tal como ya lo estamos haciendo con la defensa de otros derechos urgentes, como los emanados de la escalada bélica, de las reivindicaciones de las mujeres o del abordaje de la crisis climática.

En cuanto a los deberes que, como sociedad, podemos reclamar a los medios de comunicación y a sus profesionales, recomendamos la lectura de la multiplicidad de guías, manuales, informes, decálogos y otros recursos sobre cómo se debe informar de diferentes temáticas (inmigración, género, salud mental, colectivos concretos, etc.) que se han elaborado durante las últimas décadas a iniciativa de las organizaciones profesionales, los gobiernos locales y autonómicos o las entidades del tercer sector. También es crucial conocer la existencia de organismos autónomos de garantía de la calidad periodística, como es el caso del Consell de la Informació de Catalunya, o de organismos institucionales como los consejos audiovisuales de Andalucía y Cataluña. Conviene saber que tanto en este tipo de instituciones como desde muchas entidades del tercer sector se han abierto canales de queja y denuncia ante aquellos contenidos de los medios que no cumplan los códigos deontológicos de la profesión y/o atenten contra los derechos de las personas.

El maquillaje de la ultraderecha

Muchos medios estadounidenses emitieron un relato muy suavizado de los hechos del 6 de enero de 2021, cuando partidarios organizados del presidente saliente, Donald Trump, asaltaron el Capitolio de Estados Unidos, ocupando partes del edificio durante varias horas. La intención era interrumpir la sesión conjunta del Poder Legislativo que se estaba desarrollando para contar el voto del Colegio Electoral que habría de certificar la victoria de Joe Biden en las elecciones presidenciales, cuyos resultados el presidente derrotado negaba. En esa acción se produjo un enfrentamiento armado con los custodios oficiales de la cámara. Se detonaron artefactos explosivos en los terrenos del Capitolio y en las cercanas oficinas del Comité Nacional Republicano y del Comité Nacional Demócrata. Como consecuencia, murieron cuatro personas. A todas luces, se trató de un acto de beligerancia activa que no se podía atribuir a una inocente conjura espontánea. Sin embargo, los medios blanquearon esas acciones señalando, por ejemplo, que, si bien Donald Trump y sus apoyos inmediatos eran racistas, las personas que los votaban y participaban en las *performances* de acción directa no tenían por qué hacerlo desde posturas ultras.

De la misma manera, se dice que quienes en Argentina votaron a Javier Milei no eran contrarios a los derechos humanos, sino simplemente ciudadanas y ciudadanos que estaban «enfadados» por la corrupción del Gobierno anterior y el estado de la economía. Los millones de votos que se introdujeron en las urnas a favor de Milei fueron así explicados desde los medios de comunicación mayoritarios. El mensaje era negar que se tratara de personas de orientación radical y describirlas como gente decepcionada de otras opciones políticas.

Lo que esta narrativa viene a decirnos es que, con un poco de maquillaje económico, evitando que las feministas se manifiesten, con que el colectivo LGTBIQ+ no se muestre públicamente o con que los pobres que duermen en la calle se vayan para el extrarradio, la sociedad no tiene por qué temer los avances temerarios de la ultraderecha nacionalista. También dice que, por ser minoritario, aunque sea un fenómeno global, no supone un peligro mundial para la libertad de las personas. Negar la amenaza, como han hecho muchos medios de comunicación, no es una medida antialarmista: es una participación activa en el despropósito de esa misma extrema derecha.

Queda claro que estos partidos no son partidos al uso, pero están actuando dentro de espacios democráticos que los demócratas respetamos, como respetamos la real libertad de expresión y la discrepancia política. Pero no debemos blanquear sus intenciones. Estamos en nuestro derecho de no dejarnos incluir en su despropósito y de hacer públicos sus intentos de mentir a la ciudadanía. La batalla por la verdad y la convivencia debe ser transversal. Debe actuar en todos los ámbitos, sea el institucional, el político, el social, el económico, el cultural o cualquier otro.

Es necesario entender que todas las libertades estarán en riesgo si la extrema derecha continúa su progresión en las instituciones y en la esfera pública. Si se contempla como legítima su lucha por la hegemonía, estaremos dando pie a que todos y cada uno de nosotros vivamos expuestos. Cada persona amante de las libertades asociadas a los derechos humanos puede convertirse en blanco de odio y persecución. Ocurrió entonces, ocurre ahora y seguirá ocurriendo a no ser que dejemos de una vez de negar la amenaza.

ALGUNAS ENTIDADES VERIFICADORAS

MALDITA.ES: https://maldita.es/
EFE VERIFICA: https://verifica.efe.com/
VERIFICAT: https://www.verificat.cat/qui-som/9
RTVE VERIFICA: https://www.rtve.es/noticias/verificartve/
FACT-CHECKING NETWORK: https://www.poynter.org/ifcn/ https:// ifcncodeofprinciples.poynter.org/signatories
RED ANTIRRUMORES: https://ajuntament.barcelona.cat/bcnaccio-intercultural/es/estrategia-bcn-antirumores/participacion/ red-bcn-antirumores

ÍNDICE

978-84-460-5307-1
304 páginas

Un recorrido por la historia reciente de la ultraderecha en España, que comienza con el pasado falangista de Javier Ortega Smith a finales de los años ochenta, para llegar a un partido que ya está presente en nuestras instituciones y donde todo lo decide un reducido grupo con Santiago Abascal al frente.

978-84-460-5385-9
144 páginas

El estrujamiento de la historia con fines políticos ha vuelto a ser puesto de actualidad de la mano de demagogos de extrema derecha, la misma que ha hecho de la historia patria uno de los ejes de su combate por la hegemonía cultural.

Vox y sus ecosistemas mediático y parahistórico, a menudo sin formación en la disciplina e ignorando sus métodos de funcionamiento, reescriben la historia empezando por las conclusiones y escarban en el pasado para encontrar (o inventar) algún tipo de evidencia en apoyo de su interpretación.